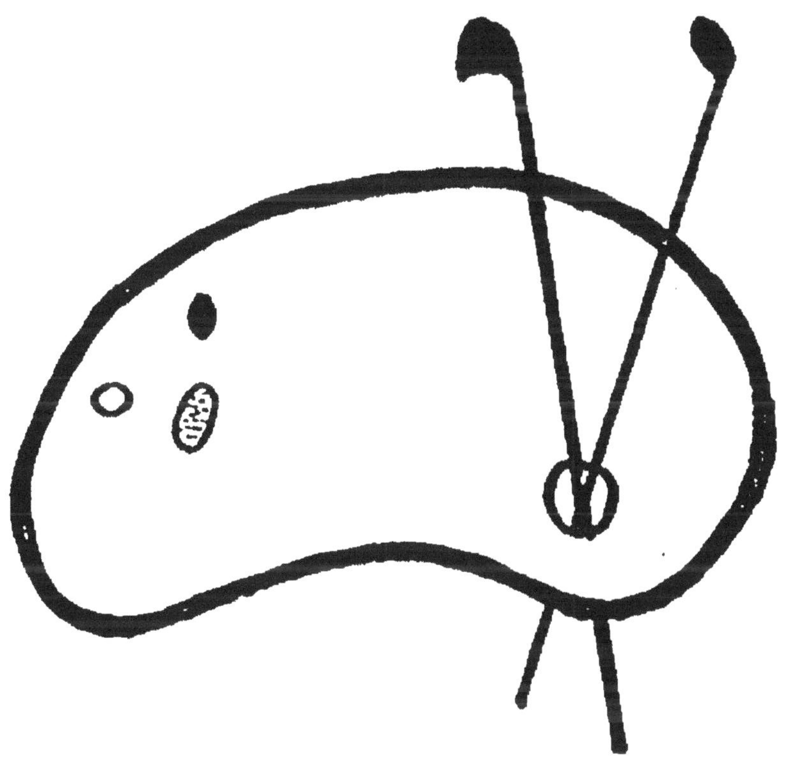

LÉGISLATION FRANÇAISE ET ÉTRANGÈRE

CONDITION & DROITS

DES

ENFANTS NATURELS

Étude de la proposition de loi votée par le Sénat le 27 juin 1895, sur le droit successoral des Enfants naturels

PAR

Paul ALARD

AVOCAT A LA COUR D'APPEL, DOCTEUR EN DROIT

PARIS

THORIN ET FILS, ÉDITEURS

A. FONTEMOING, Successeur

4, RUE LE GOFF, 4

1896

A LA MÊME LIBRAIRIE

BERGE (Stéphane). — **La recherche de la paternité.** Etude de législation. Brochure gr. in-8. 1 50

BOISSONADE (Gustave). — **Histoire des droits de l'époux survivant.** (Ouvrage couronné par l'Institut de France : Académie des sciences morales et politiques). 1 vol. in-8. 1 50

BOISTEL (Alphonse). — **Cours de Droit Commercial professé à la Faculté de droit de Paris.** *Quatrième édition* mise au courant des lois les plus récentes. 1896. 1 très fort vol. gr. in-8, broché 16 »

— **Manuel de Droit Commercial,** à l'usage des Etudiants des Facultés de droit et des écoles de Commerce. *Deuxième édition,* mise par un supplément au courant des lois récentes. 1896. 1 beau vol. in-8. 10 »

CORNIL (Georges). — **Du louage de services.** Etude sur les rapports juridiques entre les patrons et les ouvriers employés dans l'industrie. 1895. 1 vol. in-8. 8 »

Ouvrage couronné par la Faculté de droit de Paris.

DROZ (Alfred), lauréat de l'Institut de France. — **Traité des assurances maritimes, du délaissement et des avaries.** 2 beaux vol. in-8. 18 »

DUCROCQ (Th.). — **Cours de droit administratif,** contenant l'exposé et le commentaire de la législation administrative dans son dernier état, avec la reproduction des principaux textes, dans un ordre méthodique. *Sixième édition.* **3 volumes** in-8. 24 »

N. B. *Le tome III se vend à part sous le titre* : **Etudes sur la loi municipale du 5 avril 1884.** 1 vol. in-8. 8 »

FABRE (Jules). — **Des Courtiers** (Courtiers d'assurances maritimes, courtiers interprètes conducteurs de navires, courtiers assermentés au tribunal de commerce, courtiers libres, etc.). 2 vol. in-8 16 »

FOLLEVILLE (Daniel de), professeur à la Faculté de droit de Lille. — **De la publicité des contrats pécuniaires de mariage.** In-8. 2 »

LALANDE (H. de) et **COUTURIER** (Abel). — **Traité théorique et pratique du Contrat d'assurance contre l'incendie,** par M. H. de Lalande, docteur en droit, avocat au Conseil d'Etat et à la Cour de cassation ; avec la collaboration de M. Abel Couturier, ancien magistrat. 1 fort vol. in-8. 10 »

LANGLOIS (Ernest), professeur à la Faculté des Lettres de Lille. — **Le jeu de Robin et Marion.** Trouvère artésien du XIIIe siècle. 1 vol. in-12, imprimé en caractères elzéviriens avec 10 planches de musique, tirage à 500 exemplaires. Prix. 5 »

LAPOUGE (G. de), docteur en droit, ancien magistrat. — **Etudes sur la nature et sur l'évolution historique du droit de succession.** — *Etude première* : Théorie biologique du droit de succession. Broch. gr. in-8 2 »

— **Les Sélections sociales.** Cours libre de Science politique professé à l'Université de Montpellier (1888-1889). 1 fort vol. in-8, relié toile anglaise.

LEFORT (Joseph). — **Traité théorique et pratique du contrat d'assurances sur la vie.** 3 beaux vol. gr. in-8 raisin.

Les tomes I et II ont paru (Décembre 1894). Le tome III et dernier paraîtra en août 1896. Prix de chaque volume : *Broché* 12 fr. 50 — *Relié en percaline* 14 »

N. B. *Pour les détails complets sur cette publication voir Catalogue, partie I, pages 22 et 23.*

NYS (Ernest). — **Les origines du droit international.** 1894. 1 beau vol. in-8 raisin. 10 »

PASCAUD (Henri). — **De l'autorité paternelle sur la personne et sur les biens des enfants légitimes ou naturels.** Gr. in-8 cavalier de 98 pages. 2 50

— **De la Capacité civile de la femme mariée,** et de l'extension rationnelle qu'elle comporte. 1890. Broch. in-8 cavalier. 2 »

POUBELLE (E.-R.). — **Sur la condition privée de la femme dans le droit ancien et moderne.** Gr. in-8 raisin. 2 »

THEZARD (Léopold). — **Le Mariage civil.** Brochure gr. in-8. 1 »

TOUTAIN (J.). — **Les cités romaines de la Tunisie.** — **Essai sur l'Histoire de la colonisation romaine dans l'Afrique du Nord.** 1895. 1 beau vol. in-8, cavalier, avec 2 cartes en couleurs. 12 50

VALERY (Jules). — **Des contrats par correspondance.** — Du rôle de la correspondance dans l'exécution des contrats. 1895, 1 beau vol. in-8. 8 50

VANLAER (Maurice). — **La fin d'un peuple.** — **La dépopulation de l'Italie au temps d'Auguste.** 1895. 1 vol. gr. in-8. 7 50

WESTLAKE (John). — **Etude sur les principes du droit international,** traduit de l'anglais par Ernest Nys, professeur à l'Université, juge au tribunal de Bruxelles. 1895. 1 vol. gr. in-8. 7 50

Paris. — Impr. A. FONTEMOING, 4, rue Le Goff.

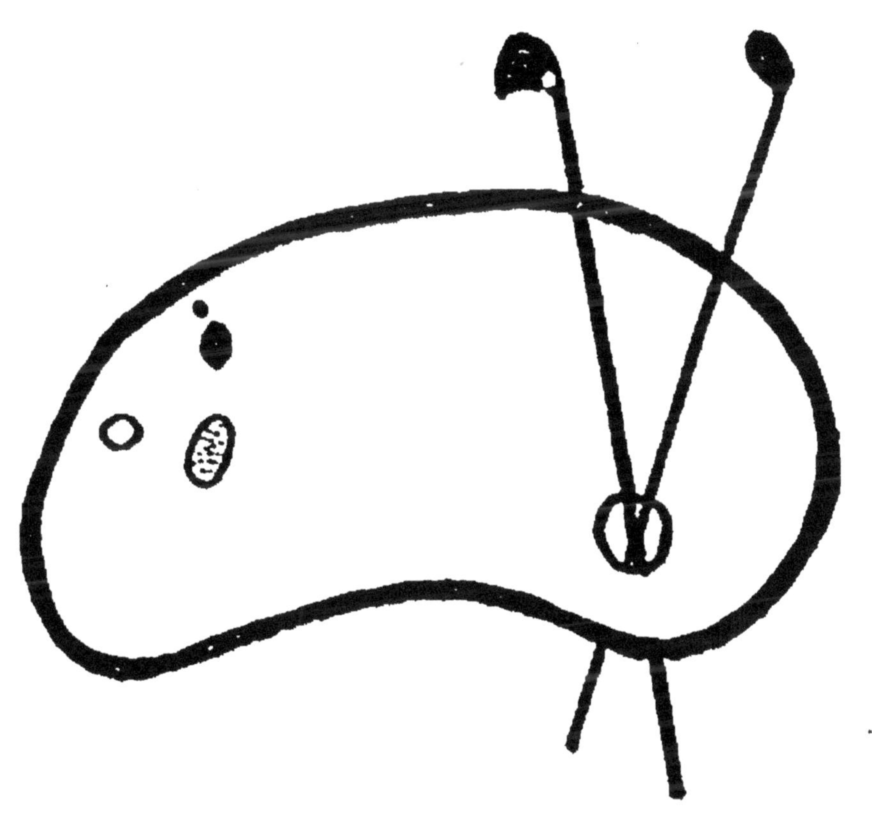

FIN D'UNE SERIE DE DOCUMENTS
EN COULEUR

CONDITION ET DROITS

DES

ENFANTS NATURELS

LÉGISLATION FRANÇAISE ET ÉTRANGÈRE

CONDITION & DROITS

DES

ENFANTS NATURELS

Étude de la proposition de loi votée par le Sénat le 27 juin 1895, sur le droit successoral des Enfants naturels

PAR

Paul ALARD
AVOCAT A LA COUR D'APPEL, DOCTEUR EN DROIT

PARIS
THORIN ET FILS, ÉDITEURS
A. FONTEMOING, Successeur
4, RUE LE GOFF, 4
1896

INTRODUCTION

L'étude de la condition des enfants naturels se compose de l'examen de deux questions qui paraissent très différentes à première vue, mais qui, cependant, ne peuvent être séparées.

Nous voulons parler de la constatation de la filiation naturelle d'une part, et, d'autre part des droits que cette filiation, une fois établie, fait naître au profit de l'enfant. Il n'est pas possible d'avoir une idée nette d'une législation si on sépare ces deux éléments. Leur comparaison permet seule d'expliquer certaines dispositions des codes étrangers qu'on taxe souvent d'immoralité et qui ne sont cependant qu'une conséquence du principe adopté.

L'influence qu'exercent l'une sur l'autre les deux questions dont nous aurons à nous occuper successivement s'explique facilement. C'est qu'en effet, une législation qui rend la recherche de la filiation presqu'impossible, peut faire produire à cette filiation des effets considérables dans les cas exceptionnels où il est permis de la prouver, elle ne court pas grand risque à cela.

Inversement, lorsque la loi réduit à néant les droits de l'enfant, elle ne craint pas les inconvénients que peut avoir le principe de la libre recherche.

Aussi, dans la situation des enfants naturels, une amélioration, dans un sens, a toujours été compensée par une aggravation dans l'autre.

Nous ajouterons qu'à nos yeux les législateurs se sont trop souvent laissés entraîner par la préoccupation de maintenir l'équilibre entre les deux éléments dont la réunion forme la condition des enfants naturels.

La première question qui se pose, est en effet celle-ci : doit-on accorder à l'enfant naturel le droit d'établir sa filiation? La question est d'un ordre absolument général et il ne paraît pas possible au premier abord de lui donner deux solutions. Cependant, deux systèmes se sont fait jour, non pas sur le fait même du droit de l'enfant, mais sur les motifs d'accorder ce droit.

D'après un premier système, le lien qui relie un enfant naturel à ses parents est purement moral, si nous osons nous exprimer ainsi. Le fait de la naissance crée seulement pour les parents l'obligation de mettre l'enfant en état de gagner sa vie ; mais jamais celui-ci ne peut entrer dans la famille.

Les partisans du second système pensent, au

contraire, que l'enfant naturel, une fois sa filiation prouvée, doit entrer dans la famille et participer aux droits de celle-ci, droits dont le droit successoral est le plus important. Dans quelle mesure se fera la participation ? telle sera la question qui restera à résoudre. Elle a donné lieu à de nombreuses solutions. Personnellement nous ne la croirons résolue que quand la loi aura assimilé complètement le droit de l'enfant naturel à celui de l'enfant légitime.

Il est évident que si l'on adopte le second système, on doit craindre de rendre trop facile la preuve de la filiation. Mais faut-il suivre l'avis des rédacteurs du Code Civil français et voir dans l'aveu solennel des parents la seule preuve suffisante ? Nous ne le pensons pas.

La première partie de ce travail sera consacrée à suivre, dans leurs déductions, les deux grands systèmes que nous venons d'indiquer. Nous aurons également à étudier les solutions proposées pour résoudre les questions qui viennent se greffer sur la question principale, mais nous laisserons de côté toutes les controverses de détail qui ont pris naissance dans l'obscurité des textes ou dans le désir de substituer une solution plus équitable à une solution trop rigoureuse.

Nous essayerons ensuite de dégager de tous les systèmes proposés le système que nous voudrions voir substituer à celui du Code Civil, en partant de ce principe que le mode de preuve véritable de la filiation aussi bien naturelle que légitime est l'acte de naissance.

Il nous restera alors à nous occuper du droit successoral de l'enfant naturel. La législation actuelle est, à cet égard, sur le point de disparaître, une proposition de loi venant d'être votée par les deux Chambres. C'est ce texte que nous étudierons surtout. Nous aurons à voir si les modifications qu'il fait subir au texte du Code sont justifiées et surtout si elles sont suffisantes. Tel sera le but de la seconde partie de notre étude.

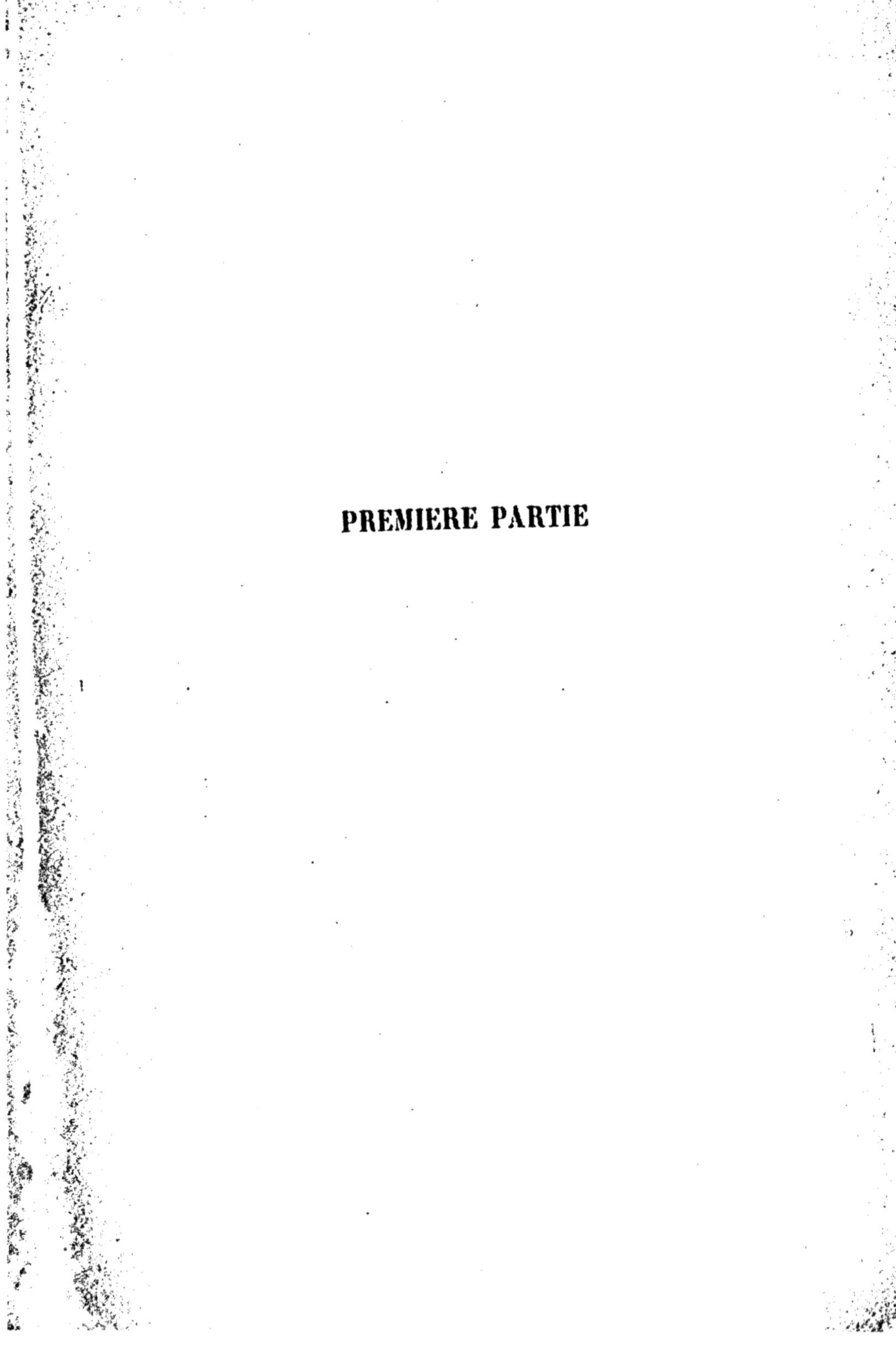

PREMIERE PARTIE

DE LA FILIATION ILLÉGITIME

La constatation de la filiation de l'enfant légitime est assurée vis-à-vis de la mère par l'inscription du nom de celle-ci dans l'acte de naissance ; vis-à-vis du père par la présomption : « *Pater is est quem justæ nuptiæ demonstrant* ». Pour l'enfant naturel ces deux sauvegardes n'existent pas. La loi n'oblige pas, en effet, la mère de celui-ci à déclarer son nom à l'officier de l'état civil et, d'autre part, la présomption de paternité disparait. Il en résulte que la filiation de l'enfant naturel est le plus souvent légalement inconnue, et que son acte de naissance ne porte que des prénoms.

Rechercher si la loi a permis, permet, et plus généralement doit permettre à l'enfant de faire la lumière sur une naissance rendue obscure par la force même des événements, tel sera le but de la première partie de cette étude.

La seconde partie sera consacrée à l'examen des droits successoraux que la filiation établie, quand elle pourra l'être, fera naitre au profit de l'enfant.

Les deux questions sont trop intimement liées pour qu'on puisse négliger l'une ou l'autre, quand on veut avoir une idée exacte sur la condition des enfants naturels.

CHAPITRE PREMIER

Il est à remarquer que la filiation naturelle peut être établie de deux manières très différentes. Les parents peuvent d'abord avouer leur paternité ou leur maternité. Cet aveu se traduit par la reconnaissance. Les législations ont toujours accordé à l'enfant naturel le droit d'être reconnu par ses parents, au moins quand il n'est ni adultérin ni incestueux. La seule question qui prête à discussion est celle de savoir si, à défaut de l'aveu des parents, l'enfant peut faire la preuve de sa filiation, c'est-à-dire s'il peut *rechercher* sa paternité ou sa maternité.

De la Recherche de la Paternité et de la Maternité

I. — DROIT ANCIEN

La situation des enfants naturels a varié dans notre ancien Droit. Au début de l'histoire de France, on trouve les bâtards traités à peu près comme les enfants légitimes. C'est ainsi que Thierry, bâtard de Clovis, lui succède en Austrasie, que Sigebert, bâtard de Dagobert, partage avec Clovis II son héritage. La reconnaissance des parents parait d'ailleurs nécessaire, mais elle semble résulter de ce fait que les enfants ont été élevés dans la maison des parents. C'est la preuve par la possession d'état dans toute sa force (1).

La féodalité, pour empêcher la trop grande division des fiefs, ne devait pas tarder à rendre plus mauvaise la situation des bâtards. Elle fut aidée en cela par le mouvement religieux qui avait surtout pour but de protéger le mariage légitime. Il est assez difficile de dire exactement à quelle époque commença le mouvement d'opinion qui amena le bâtard au rang déchu qu'il occupa dans l'ancien Droit. M. Viollet pense qu'il se dégage de l'époque mérovingienne. D'après Bacquet (2), au contraire, Hugues Capet serait le premier qui « considérant le mal qui autrefois était advenu à la France de ce que les bâtards, étant avoués, partageaient également avec les légitimes, ordonna que de là en avant aucun bâtard ne serait avoué en la maison de France ». Pourtant, ajoute Bacquet, « selon l'opinion de plusieurs, par la coutume et usance générale de France, les enfants bâtards du père noble, *par lui reconnus*, sont réputés nobles, peuvent porter le nom et les armes de la maison de leur père, avec une barre, sont exempts de payer taille et jouissent enfin de tous les privilèges de la noblesse. » Il est à remarquer qu'une ordonnance de 1600 décida que pour parvenir à la noblesse, le bâtard reconnu devrait obtenir des lettres d'anoblissement. Un édit sur les tailles et les usurpations de la noblesse, de janvier 1643, répéta la même prescrip-

(1) Bertrand. *Des enfants naturels*, p. 50 et suiv. — Viollet. *Histoire du Droit Civil français*, p. 465.

(2) Bacquet. *Traité de la Bâtardise*, chap. II.

tion. Voici les termes de cet édit : « Les bâtards, quoi qu'ils soient issus de père noble, ne se pourront attribuer le titre et la qualité de gentilshommes, s'ils n'obtiennent nos lettres d'onnoblissement..... Autrement seront lesdits bâtards, leurs veuves et enfants imposés aux tailles (1). Cet édit montre que l'intérêt fiscal ne fut peut-être pas étranger à la situation particulière faite aux bâtards. Le roi et les seigneurs profitaient en effet des déchéances qui frappaient ceux-ci.

Nous allons passer rapidement en revue ces déchéances dont l'ensemble forme la situation juridique du bâtard sous l'ancien Droit, mais sur ces points comme sur celui d'ailleurs que nous venons d'indiquer, nous n'entrerons pas dans les détails ni dans les différentes solutions adoptées dans les différentes coutumes; le but de cette étude étant surtout d'analyser le système de l'ancien Droit en matière de preuve de la filiation illégitime.

Dans l'ensemble général des coutumes, le bâtard est frappé de quatre déchéances.

1° Il doit payer les droits de chevage et de formariage.

Voici comment Bacquet s'exprime sur le premier de ces droits : « Les bâtards étaient tenus de bailler chacun an, au collecteur des mortes-mains leurs noms et surnoms, et payer au roi chaque an, au jour de Saint-Remy, 12 deniers parisis, sous peine de 7 sols 6 deniers d'amende. Ce droit était appelé chevage parce que chacun chef, marié ou veuf était tenu de le payer (2). »

(1) Bertrand : *op. cit.* p. 58. — Guétat : *Histoire du Droit français*, p. 400.

(2) Bacquet. *Du Droit de Bâtardise*, t. I, chap. 3.

Le droit de formariage était dû quand le bâtard épousait une personne qui n'était pas de sa condition (1).

2° Le bâtard ne peut disposer par testament de plus de cinq sous (2).

Les dispositions entre vifs lui sont au contraire permises d'une manière générale, quoique dans certaines régions ce droit de disposition fût limité aux meubles (3).

Ces deux premières déchéances ne devaient pas subsister, et Loysel dit : « Bâtards peuvent acquérir et disposer de leurs biens tant entre vifs que par testament (4). »

Les deux dernières déchéances ne disparurent au contraire jamais.

3° A défaut d'enfants légitimes, la succession *ab intestat* du bâtard est dévolue au seigneur, par suite du droit de bâtardise. Le roi finit par se substituer au seigneur dans l'exercice de ce droit, sauf dans le cas où le bâtard était né, demeurant et trépassé sur la terre du même seigneur. On trouve pour la première fois cette solution qui devait mettre fin à un long conflit entre le roi et les seigneurs, dans le grand Coutumier.

4° Les bâtards n'ont aucun droit sur la succession de leurs parents et sont même incapables de profiter des dispositions à titre universel. — Au moins c'est là la solution généralement admise et nous rappelons que c'est la seule dont nous nous occupons.

(1) Bacquet, *Op. cit.* — D'Aguesseau. *Dissertation sur les Bâtards*, dans Œuvres, t. VII, pag. 397 et suiv.

(2) *Somme Rurale* de Bouteiller, I. 95.

(3) *Etablissements de Saint-Louis*, I. 97.

(4) Loysel, I. 42.

Mais si l'enfant naturel n'a aucun droit de succession, il peut toujours réclamer des aliments ou peut-être plutôt ses parents doivent le mettre en état de gagner sa vie. D'après d'Aguesseau et la plupart des auteurs, la mère n'est tenue de cette obligation qu'à défaut du père. Cependant, la jurisprudence semble avoir admis finalement que la mère était obligée comme le père de contribuer, selon ses moyens, à la dette alimentaire. « Qui fait l'enfant, doit le nourrir », disait Loysel, et c'est là un principe universellement admis dans l'ancien Droit, quoique peu de coutumes le consacrent explicitement. On peut cependant citer l'art. 478 de la coutume de Bretagne : « Si aucun avait enfants bâtards jeunes et non puissans d'eux pour user de leur corps, ils doivent être pourvus sur les biens de leur père ou de leur mère. »

Pour pouvoir réclamer des aliments, il faut que l'enfant prouve qu'il y a droit et, par suite, qu'il établisse sa filiation. Dans quels cas et par quels moyens la preuve de la filiation naturelle peut-elle être faite ? Telle est la question que nous allons avoir à examiner, question particulièrement intéressante, d'abord parce qu'elle se rattache directement au sujet de cette étude, et ensuite parce qu'elle a été diversement résolue.

On doit noter d'abord que l'ancien Droit ne faisait aucune différence entre la preuve de la paternité et celle de la maternité.

Il est certain que les parents pouvaient reconnaitre leurs enfants. La reconnaissance n'était d'ailleurs soumise à aucune forme déterminée, elle pouvait être faite aussi bien par acte sous seing privé que par acte authentique. A défaut d'un écrit, la reconnaissance verbale prouvée par témoins suffisait (1).

Il n'est pas douteux davantage que la possession d'état ne fut suffisante pour établir la filiation. Marie Aurore, fille naturelle du maréchal de Saxe, est un exemple célèbre et partout reproduit (2).

A défaut d'une reconnaissance expresse ou de la reconnaissance tacite résultant de la possession d'état, il fut toujours admis que la filiation naturelle pouvait être prouvée en justice; et du silence des textes législatifs il résulta que les juges eurent un pouvoir souverain d'appréciation, aussi bien relativement aux faits desquels ils croyaient pouvoir l'induire que relativement à la justification de ces faits.

D'une manière générale, il suffisait, pour triompher, de prouver la cohabitation de la mère avec l'homme poursuivi. Certains auteurs ont même pensé que cette preuve était inutile, et que les tribunaux pouvaient se contenter de la désignation faite sous serment par la mère au moment de la déclaration de grossesse. A la suite de l'ordonnance de février 1556, s'était en effet établi l'usage pour les femmes de joindre à la déclaration de grossesse rendue obligatoire, la désignation de l'auteur de la grossesse. Cependant, comme a essayé de le montrer M. Paul Baret (3), dont sur ce point, nous ne faisons que reprendre l'argumentation, il est probable que cette désigna-

(1) Fournel. *Traité de la Séduction*, p. 131,

(2) Bacquet. *Du Droit de Bâtardise*, I. chap. 1, n° 2. — Nouv. Denizart, v° *Bâtard*, 2, p. 277.

(3) Paul Baret. *Histoire et Critique des règles sur la preuve de la filiation naturelle.*

tion n'eut jamais qu'un effet provisoire. Le juge s'en servait pour condamner provisoirement l'homme poursuivi à payer les frais de gésine et d'accouchement.

Le procès s'engageait ensuite sur le fond, et dans ce procès, la femme devait faire preuve de ses prétention. Si elle succombait, elle devait rendre la provision déposée. Tout cela semble résulter des textes. En effet : « Il ne faut pas croire, dit Fournel (1), que la déclaration de grossesse soit, entre les mains de la fille enceinte, un titre contre celui qu'elle charge. On sait qu'il n'est permis à personne de se faire un titre ». Le même auteur ajoute : « Quelle que soit la provision accordée, elle ne forme aucun préjugé contre le défendeur. Ce jugement ne lui enlève aucun de ses moyens pour impugner la paternité qu'on lui attribue et dont la preuve reste à la charge de la mère », et encore : « Le juge, qui a sous les yeux la plainte de la mère portant l'indication de l'auteur de la grossesse, a tout ce qu'il lui faut pour prononcer sur la provision ».

L'autorité de Fournel est d'ailleurs appuyée par celle de Papon (2), de Denizard (3) et de Poullain-Duparc. Ce Ce dernier auteur s'exprime ainsi : « Il est certain que sans une preuve de fréquentation, la seule déclaration de la fille, répétée même dans le temps de ses couches, ne peut pas faire de preuve, car, que doit-[illegible]nser des déclarations d'une personne qui a manqué à son devoir et qui s'est livrée au déshonneur? »

D'autre part, si Pothier ne parle pas de la preuve de la

(1) Fournel. *Traité de la Séduction*, pp. 87, 103-4.
(2) Papon. *Recueil d'arrêts*, édit. de 1607, liv. XVIII, tit. I, p. 984.
(3) Denizart. *Au mot : Grossesse.*

filiation naturelle dans son traité *Des Personnes*, on trouve de lui dans son traité *Du Contrat de Mariage*, le passage suivant : « Lorsqu'une fille ou une veuve est grosse des faits d'un homme, sur la plainte qu'elle forme contre lui et sur l'intervention du ministère public, cet homme, s'il en convient ou s'il est convaincu, doit être condamné à se charger de l'enfant..... Lorsque l'homme dénie avoir eu commerce avec la fille, la preuve que la fille fera par témoins que cet homme a eu quelques privautés ou familiarités avec elle suffit pour le faire présumer et le faire en conséquence condamner à se charger de l'enfant » (1).

Quoique toutes ces autorités soient d'accord sur la nécessité d'une preuve à faire, certains auteurs ont cru, nous l'avons déjà dit, que la jurisprudence générale était reproduite dans la maxime du président Fabre, qui fut de 1610 à 1624, président du parlement de Chambéry : « *Creditur virgini dicenti se ab aliquo agnitam et ex eo prægnantem esse* », et sur cette maxime, qui ne fut suivie que dans des cas isolés, s'est accumulée la colère des commentateurs. Cette maxime, on la trouve bien mentionnée dans Fournel (2), mais seulement pour lui reconnaître un intérêt provisionnel : « On trouve même, dit-il, un arrêt de 1572 qui a confirmé une provision adjugée pour frais de gésine par un juge incompétent, tant est grande la faveur d'une pareille condamnation. C'est cette jurisprudence assurée qui a donné lieu à cette maxime si triviale : « *Virgini prægnanti creditur* ».

(1) Pothier. *Œuvres*, t. VI. *Traité du Contrat de Mariage*, p. 179.
(2) Fournel, p. 100.

L'avocat général Servan, s'élève bien, dans un plaidoyer célèbre, contre le principe de la maxime du président Fabre, mais il déclare aussi formellement qu'il n'était pas appliqué partout (1).

Enfin d'Aguesseau ne s'en occupe même pas : il ne parle dans le plaidoyer qu'il prononça le 16 juillet 1695 devant le parlement de Paris, de la déclaration de la mère, que pour dire qu'elle doit être corroborée par la preuve de la fréquentation (2).

Ainsi donc il semble démontré que l'ensemble de l'ancienne juprisprudence exigeait comme preuve de la filiation naturelle la preuve de la fréquentation.

Notons au passage deux singularités. Il était deux cas où la preuve était rendue plus facile pour la femme. Le fait que la femme était en service créait une présomption de paternité contre son maître. Poullain-Duparc est formel à cet égard. Le maître, pour être absout, devait prouver que la fille avait eu commerce avec d'autres hommes (3). Fournel note la même particularité, mais pour constater sa disparition comme principe général (4).

Le deuxième cas mentionné résulte du passage suivant de Poullain-Duparc. Comme on n'en retrouve pas trace ailleurs, on doit en conclure qu'il est particulier au Parlement de Bretagne : « On n'exige pas de la part des généraux de paroisses des preuves aussi fortes que celles que la fille serait obligée de faire parce que le premier

(1) Servan. *Œuvres choisies*, t. I, p. 377-427.
(2) D'Aguesseau. *Œuvres complètes*, 34e Plaidoyer.
(3) Poullain-Duparc, p. 113.
(4) Fournel, p. 131 et suiv.

objet doit être de pourvoir à la subsistance de l'enfant et d'en décharger la paroisse » (1). Il est curieux de rapprocher cette disposition de celles des législations suisses et anglaises qui permettent aux paroisses d'intervenir dans les actions en recherche de paternité.

Pour terminer l'étude de l'ancien Droit, il nous reste à voir quel effet la jurisprudence faisait produire à la preuve de la fréquentation faite par la mère. L'homme poursuivi pouvait-il rendre cette preuve inutile en prouvant de son côté la cohabitation d'autres individus dans le temps de la conception ? L'ancienne jurisprudence est divisée sur ce point. Trois systèmes sont en présence.

Dans le premier système on décide que le défendeur peut se faire renvoyer de la poursuite en prouvant que la femme a eu des relations avec d'autres hommes. Poullain-Duparc (2) et Denizard (3) sont formels à cet égard, et ils citent en faveur de leur opinion un arrêt du Châtelet du 10 octobre 1760. Le président Fabre semble se rallier à ce système lorsqu'il déclare que sa maxime n'est applicable qu'à la femme de bonnes mœurs.

Le second système est exposé par Fournel qui, sur ce point, est en complet désaccord avec Poullain-Duparc. Il s'appuie sur un arrêt de la Tournelle criminelle du 18 février 1679, qui a condamné un homme marié à se charger d'un enfant, quoiqu'il fût établi que dans le même temps la mère entretenait des relations criminelles avec le vicaire de sa paroisse (4).

(1) Poullain-Duparc, p. 166.
(2) p. 512.
(3) Denizard, au mot : *Grossesse*, § 15.
(4) Fournel, pp. 119 121.

Enfin le troisième système résulte d'un arrêt du Parlement de Paris du 25 février 1661. Par cet arrêt, quatre ou cinq personnes convaincues de cohabitation avec la mère avaient été condamnées solidairement à se charger de l'enfant.

Il est à remarquer que le premier et le troisième système sont absolument incompatibles avec la maxime du président Fabre, il y a là une nouvelle preuve du peu de généralité de cette maxime.

Quoi qu'il en soit, les deux derniers systèmes, et surtout le dernier, suscitent les plus vives critiques contre l'ancien Droit. Nous n'en voyons pas la raison. Ils sont parfaitement compréhensibles tous trois, et nous devons même ajouter que le dernier est seul d'accord, à nos yeux, avec un système de législation qui borne à une pension alimentaire les droits de l'enfant naturel. Or c'était là le système de l'ancien Droit. Nous reviendrons plus tard sur cette question. Faisons remarquer seulement pour le moment que les trois systèmes que nous venons d'étudier sont encore aujourd'hui appliqués en Allemagne, ce qui tendrait à faire croire qu'ils ne sont pas seulement le résultat d'une aberration de jurisprudence, comme on le dit souvent.

Les décisions des parlements prêtent souvent beaucoup plus justement à la critique. En voici un exemple. Un arrêt du Parlement de Grenoble du 18 février 1654 (1) pose en principe que de deux différentes déclarations, la plus vraisemblable doit être présumée la meilleure, et condamne un cabaretier à doter sa servante, sur la simple affirmation

(1) Brillon. *Dictionnaire des arrêts*. V. Grossesse 13.

de cette fille, quoique, dans une précédente déclaration elle eût dit qu'elle avait été débauchée par un passant.

Ce sont là des décisions particulières regrettables, mais auxquelles il ne faut pas attacher une importance excessive.

L'ancien système semble pouvoir se résumer en ces trois règles :

1° Il n'y a aucune différence entre la recherche de la paternité et celle de la maternité. Toutes deux sont permises.

2° Une provision est due sur la seule déclaration que fait la femme de l'auteur de sa grossesse.

3° La preuve de la paternité reste entière, même après l'adjudication de la provision. Elle est à la charge de la femme qui doit prouver la fréquentation. (Différentes solutions sur la valeur de l'exception *plurium constupratorum.*)

Le Code de 1804 a-t-il, en changeant de système, accompli un progrès? Il est permis d'en douter.

II. — DROIT INTERMÉDIAIRE

L'idée générale des législateurs de la période révolutionnaire semble avoir été de prendre, de parti pris, le contre-pied de ce qui existait. C'est au moins le reproche qu'on pourrait leur adresser, s'il est vrai que ce sont eux qui ont inscrit dans nos lois le principe de la prohibition de la recherche de la paternité. Ce point n'est cependant pas absolument démontré. La Convention, dans un décret du 7 mars 1793, chargea son comité de législation de lui préparer un projet de loi sur les enfants appelés naturels.

Cambacérès déposa son rapport le 4 juin, et ce même jour la Convention décréta « que les enfants nés hors mariage succèderaient à leurs père et mère dans la forme qui serait déterminée ». C'était là une disposition dont l'utilité ne se faisait pas beaucoup sentir.

Le 25 juin, le comité de législation fut chargé de présenter à l'Assemblée un projet de Code Civil. Le rapport fut déposé le 9 août. Le nouveau principe s'y trouvait posé : « la loi n'admet pas les recherches de la paternité non avouée ». Le seul mode de preuve admis était la reconnaissance faite par le père devant l'officier de l'état civil, et encore était-il nécessaire que cette reconnaissance fût confirmée par l'aveu de la mère.

Ce projet de Code fut voté en première lecture, puis ensuite rejeté comme trop compliqué. On en fit un autre qui n'eût pas un sort beaucoup meilleur, et qui contenait sur le sujet qui nous occupe à peu près les mêmes dispositions.

Cependant la Convention, se rappelant sa promesse écrite du 4 juin, voulut aboutir au moins sur un point particulier. Les règles qu'elle élabora se trouvent dans le décret du 12 brumaire, an II, qui ne brille pas par la clarté.

Voici les articles de ce décret qui concernent notre matière :

Art. 1er. — Les enfants actuellement existants, nés hors mariage, seront admis aux successions de leurs père et mère ouvertes depuis le 14 juillet 1789. Ils le seront également à celles qui s'ouvriront à l'avenir sous la réserve portée à l'article 10.

Art. 8. — Pour être admis à l'exercice des droits ci-dessus dans la succession de leur père décédé, les enfants nés hors mariage seront tenus de prouver leur possession d'état. Cette preuve ne pourra résulter que de la représentation d'écrits publics ou privés du père ou de la suite des soins donnés à titre de paternité et sans interruption, tant à leur entretien qu'à leur éducation.

Art. 10. — A l'égard des enfants nés hors mariage, dont le père et la mère seront encore existants lors de la promulgation du Code civil, leur état et leurs droits seront en tous points réglés par les dispositions du Code.

Art. 11. — Néanmoins, en le cas de mort de la mère avant la promulgation du Code, la reconnaissance du père, faite devant un officier public, suffira pour constater à son égard l'état de l'enfant né hors du mariage et le rendre habile à lui succéder.

Art. 12. — Il en sera de même dans le cas où la mère serait absente, ou dans l'impossibilité de confirmer par son aveu la reconnaissance du père.

Les termes de ce décret sont loin d'être clairs; l'art. 8 semble bien admettre la validité de la reconnaissance tacite résultant de la possession d'état et de la reconnaissance par acte sous seings privés, et cela d'une manière générale, tandis que les art. 10, 11, 12, paraissent ne s'appliquer qu'à des cas particuliers.

Et cependant, s'il faut en croire le ministre de la justice, consulté par un tribunal qui ne se trouvait pas assez renseigné pour juger, c'est le contraire qu'il faut penser. Des art. 1, 10, 11 et 12, découle le principe nouveau que la recherche de paternité est interdite, et l'art. 8 ne s'applique qu'au cas extrêmement particulier d'un père décédé lors de l'apparition de la nouvelle loi (1).

Ce qui est assez curieux, et ce qui tendrait à prouver que les législateurs n'étaient pas très sûrs de la force de leur raisonnement appuyé sur le texte de brumaire an II, c'est que le comité de législation, se croyant obligé de rappeler à l'application du nouveau principe des tribunaux récalcitrants, invoqua, non pas la loi en vigueur, mais bien le texte de l'article 10 du second projet de Code Civil voté le 19 frimaire an III, et non encore rendu exécutoire à la date de la circulaire (6 floréal an III). Une autre particularité de ce curieux document est la justification faite par les législateurs du changement de principe : « Aucune loi, disent-ils, n'avait autorisé ces sortes de demandes, elles n'étaient accueillies que par une jurisprudence dont l'usage avait prévalu, l'art. 10 a comblé à cet égard les vœux de tous les amis de l'ordre. . . . . » (2).

Ce qui résulte d'absolument nouveau de ce document, c'est que, pour exercer un droit naturel, on a besoin d'un texte de loi. Ce n'était pas inutile à dire, on aurait pu penser en effet qu'un texte était plutôt nécessaire pour empêcher l'exercice de ce droit.

Ajoutons que dans une discussion récente (3), deux jurisconsultes, MM. Demôle et Dauphin ayant, au Sénat, à s'occuper du décret de brumaire, se sont exprimés ainsi : « Cette disposition (l'art. 8) était, le Sénat le comprend,

(1) Duvergier, t. IX, p. 361 et suiv.

(2) Fenet, t. VIII, p. 223.

(3) *Journ. officiel*, Sénat, session ord. de 1895. Séance du 18 mars, pp. 197 et 201.

la déclaration de la légalité de la recherche de la paternité », et plus loin : « Il a été fait deux expériences de l'assimilation des enfants naturels aux enfants légitimes : l'une en l'an II, assimilation complète et même plus que complète avec la recherche de la paternité. »

III. — DROIT ACTUEL

Nous n'avons l'intention que d'exposer dans ses grandes lignes le système adopté en matière de preuve de la filiation illégitime par le Code Civil. Nous essayerons d'en dégager les principes généraux en laissant de côté les controverses de détail qui n'influent pas sur ces principes.

Le système du Code Civil peut se résumer ainsi :

1° Le véritable mode de la preuve de la filiation naturelle, aussi bien paternelle que maternelle, est la reconnaissance faite par le père et la mère.

2° La recherche de la paternité est interdite.

3° La recherche de la maternité est permise sous certaines restrictions.

Nous allons rapidement passer en revue ces trois points.

§ I. — *De la Reconnaissance.*

Les deux caractères principaux de la reconnaissance sont que celle-ci doit être authentique et qu'elle n'engage jamais que celui qui la fait.

Ce dernier caractère résulte de l'art. 336 qui s'exprime ainsi : « La reconnaissance du père, sans l'indication et l'aveu de la mère n'aura d'effet qu'à l'égard du père. » Il est probable, qu'en écrivant cet article, les rédacteurs du

Code n'ont pas eu d'autre but que de répudier le système du droit intermédiaire qui exigeait l'aveu conforme de la mère pour valider la reconnaissance faite par le père.

Faisons remarquer cependant qu'un parti important dans la doctrine et la jurisprudence fait produire à l'article 336 un effet beaucoup plus considérable, en en tirant cette conséquence par *arg. a contrario*, que la désignation par le père du nom de la mère, corroborée par l'aveu même tacite de celle-ci, établit la filiation par rapport à elle (1).

La nécessité de l'authenticité de la reconnaissance résulte de l'art. 334. Il existe entre les auteurs une controverse assez vive sur le point de savoir quelles sont les personnes compétentes pour recevoir les reconnaissances afin de leur imprimer ce caractère d'authenticité requis par la loi. Il est certain que les officiers de l'état civil et les notaires sont compétents à cet égard, mais faut-il s'arrêter là ? C'est ce que pense M. Laurent (2).

La majorité des auteurs enseigne au contraire que l'aveu de paternité ou de maternité peut se faire régulièrement devant toute juridiction saisie d'une affaire civile ou d'une poursuite à fins pénales et devant tout juge procé-

(1) Duranton, III, n° 245; Duvergier sur Toullier, I, 2e partie n° 956; Demante, II, n° 64 bis; Toullier, II, n° 297; Aubry et Rau, IV, p. 668; Baudry-Lacantinerie, I, p. 541. — *Bordeaux*, 15 fév. 1832 (S. 1832. II, 410), Cass. 13 av. 1864 (S. 1864, I, 209); 26 mai 1866 (S. 1866, I, 143), 30 nov. 1868 (S. 1869, I, 66); *Bordeaux*, 27 août 1877, (S. 78, 2, 105. *Contra.* — Valette sur Proudhon, II, p. 142. Marcadé, art. 336. Demolombe, *Patern. et Filiat.*, V. n° 382.

(2) Laurent, t. IV. nos 44 et suiv.

dant à un acte de ses fonctions pourvu que cet aveu se rattache au procès ou à l'acte (1).

Le système de M. Laurent est inacceptable en ce qu'il méconnait le véritable caractère que le Code a entendu attacher à la reconnaissance. Celle-ci n'est pas, en effet, un aveu nécessairement volontaire. La reconnaissance d'un fait quelconque n'a pas besoin de spontanéité pour qu'on puisse s'en prévaloir. L'authenticité a été exigée par la loi pour protéger la partie déclarante et assurer la conservation de son aveu ; or ce double but est atteint quand la déclaration s'opère devant un tribunal.

La jurisprudence s'est ralliée au système généralement adopté par la doctrine. Elle avait à se prononcer récemment sur le pourvoi introduit par un individu qui, entendu comme témoin par un juge instructeur, avait reconnu sa paternité et prétendait qu'on ne pouvait voir dans sa déclaration une reconnaissance, parce qu'elle lui avait été imposée par sa qualité de témoin. La Chambre des requêtes de la Cour de Cassation a rejeté le pourvoi, en déclarant que si la reconnaissance, pour être valable, devait être libre, c'était seulement dans le sens qu'elle était viciée par la violence, l'erreur ou le dol (2).

Disons de suite que pour nous le système du Code,

(1) Merlin, *Repert.*, v. Filiat., n° 6 ; Favard, *Repert.*, v. Reconnaissance, n° 4 ; Loiseau, *Traité des enfants nat.*, p. 459 ; Valette, p. 427 à 429 ; Demante et C. de Santerre, t. II, n° 62 *bis* ; Aubry et Rau, t. VI, p. 168 ; Demolombe, *Paternit. et filiat.*, n° 398 et suiv. ; Baudry, t. I, n° 743 ; Chavegrin, Sous Cass., 13 juillet 1886 (S. 1887, I. 65).

(2) Cass., 13 juillet 1886 (S. 1887, I. 65) ; Dijon, 24 mai 1817 ; Nancy, 17 novembre 1877 ; Cass., 23 juillet 1878 ; Tulle, 8 janvier 1886 ; Limoges, 7 décembre 1886.

même entendu comme le comprend la doctrine, est insuffisant. On ne doit pas se contenter de permettre l'aveu des parents ou de recueillir cet aveu quand il se produit dans des circonstances indépendantes de leur volonté. La loi doit provoquer cet aveu pour assurer à l'enfant la constatation de son état civil.

Ce sera là l'idée directrice du système de réforme que nous proposerons, système dans lequel la reconnaissance sera maintenue, mais n'aura d'utilité que lorsque toutes les autres preuves de la filiation seront impossibles à fournir.

§ *III. — De la Recherche de la Paternité.*

La recherche de la paternité est interdite (art. 340). Ce principe ne fut admis que grâce aux efforts du premier Consul, qui fit tout pour le faire triompher. Cambacérès y était absolument opposé, et voulait qu'on gardât le milieu entre la théorie de l'ancien Droit et la prohibition absolue. La question revint une seconde fois devant les Corps Délibérants à propos de l'article 57. Le premier Consul dut dissoudre le Tribunat, et renvoya les tribuns trop indépendants, pour faire admettre le principe dans toute sa rigidité.

Le cas d'enlèvement est le seul dans la doctrine du Code où la paternité puisse être recherchée, et encore ce cas ne fut-il introduit dans la rédaction définitive que sur les observations réitérées du Tribunat. Le mot d'enlèvement s'y substitua aux mots de rapt et viol. Différentes interprétations ont été données de ce mot.

D'après les uns, il comprend à la fois le rapt par

séduction et le viol, ce dernier étant un « enlèvement momentané », suivant l'expression de M. Demante (1).

Suivant d'autres, on doit se référer au Code Pénal et décider qu'il y a enlèvement lorsqu'il s'agit d'une mineure de 16 ans, même sans emploi de la violence. La violence serait nécessaire au-dessus de cet âge (2).

Suivant d'autres enfin, qui s'en tiennent au sens adopté par la langue courante, l'enlèvement impliquerait toujours la violence (3).

En dehors de ce cas exceptionnel, la paternité naturelle ne peut jamais être recherchée.

La jurisprudence admet toutefois une sorte de palliatif à ce principe. Elle décide depuis 1845 que la séduction suivie de grossesse, dans le cas où cette séduction a été consommée à l'aide de promesses mensongères ou de tout autre moyen frauduleux, peut donner lieu à une action en dommages et intérêts contre le séducteur.

Quoique la jurisprudence prenne soin de noter, dans chacun de ses arrêts en cette matière, qu'elle n'entend pas par là accorder une action en recherche de paternité, on doit reconnaître qu'il n'y a pas une bien grande différence (4).

Cette jurisprudence est diversement appréciée par les adversaires et les défenseurs de l'article 340. M. Bérenger voit dans ce fait que les interprètes de la loi se sont crus forcés de la violer, une preuve que la loi est mauvaise. M. Cazot, au contraire, estime que tout est pour le

(1) Valette sur Proudhon, II, p. 157 ; Demante, II, n° 69 *bis* ; Marcadé, art. 340, n° 2.

(2) Demolombe, V. n° 490.

(3) Aubry et Rau, IV, p. 699 ; Baudry, I, p. 552.

(4) Cass., 24 mars 1845 (S. 1845, I. 539) ; 26 juillet 1864 (S. 1865, I. 33).

mieux, puisque, à défaut de la loi, la jurisprudence vient au secours de la mère naturelle.

Comme le moyen frauduleux de séduction le plus généralement employé est la promesse de mariage, on peut rapprocher cette doctrine de la législation en usage en Angleterre en cette matière, et de la situation particulièrement favorable faite en Allemagne et en Suisse aux enfants nés après des fiançailles régulières.

§ III. — *De la Recherche de la Maternité*

L'art. 341 établit pour la recherche de la maternité le principe inverse de celui de l'art. 340. « La recherche de la maternité est admise. » L'enfant aura pour établir la filiation deux choses à prouver, l'accouchement de la femme qu'il prétend sa mère et son identité avec l'enfant accouché.

Le plus souvent l'enfant, à défaut de l'aveu de la mère, devra faire la preuve par témoins. Cette preuve lui est permise, mais à condition qu'il y ait un commencement de preuve par écrit.

Deux controverses se sont produites à cet égard. La première consiste dans l'assimilation que font certains auteurs des « présomptions ou faits dès lors constants » au commencement de preuve par écrit. Cette assimilation, que la plupart des auteurs pensent avoir été faite seulement par la loi française pour la filiation légitime, a été étendue à tous les enfants par le Code Italien (1).

(1) Merlin. *Répert. V. Légitimité, sect. III, n°* 3 ; Toullier, n° 944 ; Ducaurroy, Bonnier et Roustain, I, n° 500 ; Demante, II, n° 70 ; Aubry et Rau, IV, p. 706 ; Demolombe, V, n° 502 ; Baudry, I, p. 554.

L'autre controverse résulte de cette double idée, que l'art. 341, en parlant de commencement de preuve par écrit, peut aussi bien vouloir se référer à l'art. 1347 qu'à l'art. 324. L'importance de cette distinction est considérable, l'art. 1347 exigeant pour qu'un commencement de preuve par écrit rende la preuve testimoniale admissible, qu'il soit émané du défendeur, tandis que l'art. 324 se contente « des titres de famille, registres et papiers domestiques de la mère, ou des actes publics et privés émanés d'une personne engagée dans la contestation, ou qui y aurait intérêt si elle était vivante. » La première doctrine (1) aurait pour effet de rendre la peuve par témoins presque toujours impossible à l'enfant naturel.

Notons de plus que la jurisprudence considère comme preuve suffisante de l'accouchement l'inscription du nom de la mère dans l'acte de naissance (2). Il reste à l'enfant pour établir sa filiation maternelle, dans ce cas, à prouver qu'il est identiquement le même que celui dont la naissance a été constatée. La Cour de Cassation, réformant en cela sa jurisprudence antérieure, admet aujourd'hui que l'enfant ne peut administrer cette dernière preuve par témoins, que s'il a un commencement de preuve par écrit, la possession d'état d'enfant naturel n'étant pas elle-

(1) Ducaurroy, Bonnier et Roustain, I, n° 500; Aubry et Rau, IV, p. 707; Demolombe, V, n° 503. — *Contra*. Demante, II, n° 70 *bis*; Marcadé, *art.* 340-42, n° 3 ; Baudry, I, p. 554 ; *Caen*, 19 janv. 1867 (Sir. 1868, II, 86); *Cass*. 29 nov. 1868 (Sir. 1869, I, 5); *Douai*, 29 janv. 1879 (S. 1879, II, 195).

(2) *Toulouse*, 2 fév. 1884 (S. 1885, 2, 56); *Limoges*, 7 déc. 1886 (S. 1887, 2, 29); *Paris*, 16 fév. 1889 (S. 1889, 2, 201).— *Contra* : Aubry et Rau, t. VI, p. 205 et suiv.; Laurent, t. IV, n° 117 et suiv.

même suffisante, parce que l'art. 322, qui garantit de toute contestation d'état celui dont la possession d'être est conforme à son acte de naissance ne s'applique qu'aux enfants légitimes (1).

Il est à remarquer que l'acte de naissance lui-même ne peut jamais être considéré comme un commencement de preuve par écrit. Si l'on admet, en effet, que l'art. 341 se réfère à l'art. 1347, on doit reconnaître que l'acte de naissance auquel la mère est supposée être restée étrangère n'émane certainement pas d'elle. On ne peut, d'autre part, assimiler l'acte de naissance à un titre de famille et encore moins à des papiers domestiques requis par l'art. 324.

En faveur de la solution que nous indiquons il existe en outre un argument tiré de l'Histoire de la Confection du Code.

Le projet de Code contenait un article ainsi conçu : « Le registre de l'état civil, qui constate le nom de la mère réclamée par un enfant duquel le décès n'est pas prouvé, pourra servir de commencement de preuve par écrit ». Cet article fut supprimé de la rédaction définitive sur les observations du ministre de la justice, comme trop dangereux (2).

Il aurait, en effet, suffi à un individu de dérober l'acte de naissance d'un enfant disparu et de suborner quelques témoins pour triompher dans l'action en recherche.

(1) *Cass.* 12 fév. 1868 (S. 1868, 1, 165); *Toulouse*, 3 fév. 1884. — *Contra. Cass.* 19 nov. 1856.

(2) Merlin. *Quest. de Droit au mot Maternité*, t. X. — Locré *Législ. civile*, t. III, p. 57.

CHAPITRE II

LÉGISLATIONS ÉTRANGÈRES

Dans cette étude de législation comparée, nous n'avons pas l'intention d'étudier en détail les Codes de toutes les nations. Nous nous contenterons de grouper ces codes, suivant qu'ils admettent le principe de libre recherche ou qu'ils le repoussent avec ou sans exceptions. Si certains d'entre eux renferment des dispositions de détail intéressantes, nous les noterons quand nous trouverons la disposition analogue en Droit français.

L'idée générale de ce travail étant, d'autre part, de montrer que la législation des enfants naturels, actuellement en vigueur en France, est loin d'être parfaite, nous étudierons avec quelques détails, les législations allemande, anglaise et suisse, dont le point de départ est complètement différent du nôtre, et nous verrons s'il n'y a pas quelques emprunts à leur faire.

Nous dirons enfin quelques mots du Code Espagnol, dont l'étude est rendue intéressante par la date très récente de sa promulgation (1889), et par le soin qui a été apporté à sa confection. Ce code ayant adopté un système qui rentre dans ce que les interprètes appellent les systèmes spécificatifs, nous aurons ainsi étudié les trois grands systèmes proposés jusqu'à présent : Système de prohibition (France),

Système de libre recherche (Allemagne, Angleterre, Suisse), Système spécificatif (Espagne).

I. — Pays repoussant le Principe de la Recherche.

1. — Sans exceptions.

Venezuela (1873).
Costa-Rica (1843).
Canton de Neufchâtel.

2. — Avec des exceptions.

Pays	
France. Belgique. Roumanie. Canton de Vaud. Canton de Genève.	Ces pays admettent comme seule exception le cas d'enlèvement.
Hollande. Italie. Canton du Tessin. Serbie. Bolivie. Guatémala. Pérou. Uruguay. Haïti.	Ces pays ajoutent au cas d'enlèvement ceux de rapt et de viol.
Espagne. Bade. Canton du Valais. Honduras. Mexique.	Ces pays, tout en admettant le principe de prohibition, le tempèrent par de si nombreuses exceptions, qu'il devient presque sans effet. Ce sont les systèmes spécificatifs.

II. — Pays admettant le Principe de la Libre Recherche.

Allemagne.	Suède.
Angleterre.	Suisse.
Autriche.	Chili.
Danemark.	Colombie.
Ecosse.	Illinois.
Finlande.	Louisiane.
Irlande.	Nevada.
Norwège.	Ohio.
Russie.	Tenessée.

LÉGISLATION GERMANIQUE.

Les États germaniques ont tous actuellement une législation particulière. Toutefois ces législations admettent les mêmes principes généraux, et ne diffèrent que par des détails. Cependant l'Autriche, qui appartient au groupe germanique, a un système un peu différent du droit commun allemand : nous l'exposerons à part.

Il est à remarquer d'autre part que l'unification des législations germaniques sera bientôt un fait accompli. Un projet de Code Civil commun à tous les États d'Allemagne est actuellement à l'étude. Ce projet est utile à consulter pour constater la tendance moderne des esprits, les textes de loi en usage aujourd'hui étant fort anciens.

§ I. — *Filiation maternelle.*

Par rapport à la mère, le système germanique est très simple, l'enfant acquiert par sa seule naissance des droits à la filiation maternelle, le nom de la mère doit être écrit dans l'acte de naissance (1).

La Cour de Cologne, par un arrêt du 5 juin 1848, confirmé par la Cour de Cassation de Berlin le 8 janv. 1850, a posé en principe que l'acte de naissance n'a pas seulement pour but de prouver le fait de la naissance d'un enfant naturel, mais qu'il doit servir principalement à établir d'une manière incontestable sa filiation au moins par rapport à la mère.

§ II. — *Filiation paternelle.*

Par rapport au père, le système germanique peut se résumer en deux idées générales.

1° L'enfant a contre son père une action en recherche de paternité.

2° La reconnaissance, telle que nous la comprenons, est inconnue au droit germanique.

I. — Action en Recherche de Paternité.

Il suffit, pour qu'un individu soit déclaré père d'un enfant, que celui-ci prouve la fréquentation avec la mère pendant le temps de la conception. Une fois cette fréquentation établie, la conception se présume, et il est à remarquer que ne ferait pas nécessairement preuve contre la présomption le fait qu'un tiers se serait déjà reconnu père de l'enfant, ou la déclaration de la mère dans le même sens (Munich, arrêt du 13 mai 1843. Vienne 16 juin 1869).

(1) *Loi d'empire* 6 fév. 1875, 22. — *Landr. pruss.* II. §§ 614 et 639. *Cod. Sax.* 1874 *C. Aut.*

Toutes les lois germaniques sont d'accord à cet égard. Mais leurs vues diffèrent sur l'importance à accorder à la preuve faite par l'individu poursuivi de ce fait que la mère a fréquenté d'autres hommes pendant le temps de la conception. Nous avons déjà rencontré cette exception, et nous l'avons désignée sous le nom d'exception *plurium constupratorum*.

Dans un premier groupe de législations, on admet que l'exception prouvée rend l'action irrecevable (1). Cela parait être la solution générale admise par le projet de Code Civil. La Prusse et le Wurtemberg rentrent dans ce groupe.

Un deuxième groupe au contraire n'attache aucune importance à cet incident du procès. C'est ainsi que les choses se passent en Autriche et dans le Grand Duché de Bade (2). On peut rattacher à ce groupe une autre série de législations qui, tout en condamnant, malgré la preuve faite de la réalité de l'exception invoquée, l'individu poursuivi, condamnent solidairement avec lui tous ceux qui sont convaincus de fréquentation. La Bavière et la Saxe admettent ce dernier principe (3).

Pour faire mieux comprendre le système de ce dernier groupe, nous transcrivons l'art. 163 du Code Autrichien.

« Celui qui est convaincu d'avoir eu commerce avec la mère de l'enfant dans l'espace de temps à compter duquel jusqu'à l'accouchement il ne s'est pas écoulé moins de six mois ni plus de dix, est présumé avoir engendré l'enfant ».

(1) *Loi pruss.* 24 av. 1859, 9. *Loi Wurtemb.* 5 sept. 1839.28.
(2) *Code Autrich.* art. 163. *Loi bad.* 21 fév. 1851.
(3) *Landr. Bavar.* I, 4 § 9 4° ; *Code Sax.* 1872.

C'est là une présomption *juris et de jure* comme le prouve la plus récente jurisprudence des Cours Autrichiennnes.

Un individu, convaincu d'avoir le 29 juin approché la mère d'un enfant né le 16 janvier 1876, se vit déclaré en première instance père de l'enfant, quoiqu'il opposât l'exception *plurium constupratorum* en prouvant son dire, et qu'il produisit des témoignages de médecin déclarant qu'il n'était pas possible que l'enfant fût le fruit d'une grossesse de six mois et quelques jours. Acquitté en appel, la Cour suprême de Vienne cassa le jugement, en déclarant que la présomption de paternité dérivant de la fréquentation dans le délai légal est égalée par l'art. 163 à la preuve positive de la paternité, et que l'exception *plurium constupratorum* n'était admissible ni dans la lettre ni dans l'esprit de la loi (1).

Quoique nous ne voulions pas nous occuper maintenant de la question de savoir quels droits la paternité reconnue fait naitre au profit de l'enfant, nous ferons remarquer cependant que les législations du premier groupe reconnaissent à l'enfant un droit sur la succession de son père (2), tandis que les législations du second groupe accordent seulement à l'enfant une pension alimentaire (3). Le Droit Bavarois fait cependant exception à ce principe général, en permettant à l'enfant de venir à la succession de son père, à défaut de tout héritier légitime. Le projet de Code Civil crée aussi une exception, mais d'un autre genre, en

(1) Juridische Blätter Rechtsprüche 30 mars 79. Beitrage zu n° 15 VIII Jahrgang.

(2) *Landr. Wurtemb.* IV, 18 §15. *Landr. pruss.* II, 2 § 652.

(3) *Code Autrich*, 754. *Code Sax.*, 2019-2025.

se ralliant au premier système quoiqu'il n'accorde aucun droit successoral à l'enfant. Il y a là, croyons-nous, deux anomalies. Nous reviendrons plus tard sur ce point.

Il est à remarquer, dans un tout autre ordre d'idées, que l'action en recherche de paternité échappe, en droit allemand, à la mère, pour être transférée à un tuteur nommé par le tribunal de tutelle. Il y a là une idée de défiance contre la mère. Celle-ci a d'ailleurs souvent une action parallèle à celle de son enfant pour obtenir des secours, mais ce n'est pas l'action en recherche de paternité.

Ce que nous disons-là, ne s'applique pas d'ailleurs à l'Autriche, où les deux actions se confondent. C'est ainsi que dans le procès auquel nous avons déjà fait allusion, l'action était intentée par le père comme représentant de sa fille mineure.

II. — De la Reconnaissance.

La reconnaissance n'est, en droit germanique, qu'un moyen de preuves sans valeur spéciale. Si elle se produit volontairement, l'action en recherche sera inutile, mais si elle ne se produit pas, l'enfant a le droit de la provoquer.

Avant de quitter la législation germanique, nous signalerons une institution qui a survécu aux anciennes coutumes.

Les enfants conçus postérieurement à des fiançailles régulières (Brautkinder), et nés antérieurement au mariage, même si celui-ci n'a pas lieu ensuite, sont considérés comme légitimes par l'ensemble du droit commun allemand. Le Code Saxon va même plus loin et accorde les mêmes droits aux enfants conçus avant les fiançailles, pourvu qu'ils soient nés après (1).

La loi du 24 avril 1854 a abrogé cette législation en Prusse, elle n'existe plus en Bavière et n'a jamais été suivie en Autriche.

Ces dispositions de faveur s'expliquent par l'importance que gardèrent longtemps les fiançailles.

Le Droit germanique est formé, d'une part, par les anciennes coutumes germaines, et, d'autre part, par le Droit canonique dont l'influence fut prépondérante. Dans ces deux éléments, les fiançailles ont une importance presqu'égale, quoique d'après des principes tout différents.

Les anciens Germains voyaient dans le mariage une vente, or c'était dans la cérémonie des fiançailles que s'effectuait cette vente. Pour que le mariage fut parfait, il ne restait plus qu'à faire tradition de la femme. Mais cette tradition était nécessaire, quoique certains jurisconsultes aient soutenu que les fiançailles à elles seules suffisaient à constituer un mariage parfait (2).

Le Droit canonique devait aller plus loin en partant du principe que du seul consentement, nait le mariage. La bénédiction nuptiale n'était pas, aux yeux de l'Eglise, une condition essentielle à la validité du sacrement. Celle-ci obligeait les époux, sous peine de péché, à lui demander

(1) *Code Thuring.* (221) ; *Code Sax.* (1576).

(2) Læning, *Geschichte des deutschen Kirchenrechts*, t. II. — Stobbe, *Handbuch des deutschen Privat rechts*, t. II ; Sohm, *Das recht der Eheschliessung* ; F. de Schulte, *Hist. du Droit et des Instit. de l'Allemagne* ; Viollet, *Hist. du Droit français*, p. 418.

cette bénédiction; néanmoins, sans cette bénédiction, ils étaient mariés dès lors qu'ils l'avaient voulu (1).

Ce fut le Concile de Trente qui, le 11 novembre 1563, décréta que, à peine de nullité, le mariage devrait être reçu par le propre curé de l'une des parties, en présence de témoins. On sait l'influence qu'exerça le Concile de Trente, même dans les pays protestants. Les pays germaniques abandonnèrent le principe d'un mariage parfait par le seul consentement, mais nous venons de voir qu'une conséquence du principe survécut.

LÉGISLATION SUISSE.

Chaque canton de la Suisse a gardé jusqu'à présent ses lois civiles.

Il existe cependant quelques essais d'unification. Le seul qui nous intéresse est la loi fédérale du 24 décembre 1874 sur l'état civil. Cette loi, qui est applicable à tous les cantons, ne s'occupe qu'indirectement de la filiation naturelle. Il semble cependant résulter des art. 11, 15 et 16 que la filiation maternelle illégitime est établie suffisamment par des énonciations de l'acte de naissance sans qu'il soit besoin d'une reconnaissance de la mère. Cela explique le silence de tous les codes suisses récents sur la question de la reconnaissance. En Suisse, comme en Allemagne, l'acte de naissance prouve la filiation maternelle de l'enfant naturel, aussi bien que de l'enfant légitime.

(1) Viollet, *Op. cit.*, p. 421; Esmein, *Du Mariage en Droit Canonique*, t. I.

Au point de vue de la filiation paternelle, la loi de 1874 a donné naissance à une controverse intéressante.

Cette loi décide que la légitimation des enfants naturels est une conséquence forcée du mariage subséquent de leurs parents. Elle exige même du père la déclaration, dans un délai très bref, des enfants appelés à jouir de cette faveur. La loi de 1874 étant une loi fédérale s'applique aussi bien aux cantons dont la législation n'admet pas la recherche de la paternité qu'aux autres cantons. On voit dès lors la difficulté qui surgit lorsque le père refuse de faire la déclaration, malgré la sanction pénale que la loi attache à ce refus. Les enfants pourront-ils, en s'appuyant sur la loi fédérale, faire la preuve de leur filiation pour jouir des bénéfices du mariage subséquent de leurs parents, même lorsque la législation du canton auquel ils appartiennent leur refuse ce droit d'une manière générale ? ou bien, malgré leur condition indiscutable d'enfants légitimes, se verront-ils dans l'impossibilité de faire la preuve de leur filiation ? Il y a là un conflit de législations difficile à trancher. M. Mentha (1) cite une décision du tribunal fédéral en faveur des législations cantonales. Cette solution n'est peut-être pas définitive, et dans ce cas particulier les enfants naturels pourraient, si l'autre doctrine venait à triompher, faire la preuve de leur filiation paternelle dans toute la Suisse.

Nous allons maintenant étudier d'une manière générale la question de la recherche de la paternité.

(1) Académie de Neufchâtel. Année 85-86. Rapport de M. Mentha.

De la Recherche de la Paternité.

Sauf dans les cantons de Neufchâtel, de Genève, de Vaud, du Tessin et du Valais qui se rattachent avec plus ou moins de modifications au système français, les législations suisses reconnaissent dans la plus large mesure la liberté de la recherche de la paternité. Nous étudierons d'abord le Code de Zurich, qui est le plus récent des codes suisses (1887), les principes généraux s'y trouvent dégagés des difficultés de procédure qui rendent plus obscurs les codes plus anciens.

L'action en recherche de paternité est laissée aux mains de la femme qui doit l'intenter avant son accouchement. Le délai est prolongé de six semaines après la naissance, dans le cas où des fiançailles auraient eu lieu, et dans le cas où il existerait une reconnaissance écrite du père. Il suffit pour qu'elle triomphe que la femme prouve ses relations avec l'homme qu'elle désigne.

Cependant l'action échoue malgré cette preuve dans les sept cas suivants :

1° Lorsque le défendeur n'avait pas seize ans à l'époque de la conception ;

2° Lorsqu'il était marié alors au su de la femme séduite ;

3° Ou que celle-ci était mariée elle-même ;

4° Lorsqu'antérieurement la femme a désigné une autre personne comme l'auteur de sa grossesse, à moins qu'elle n'y ait été amenée par menaces ou par dol ;

5° Lorsque dans les deux dernières années elle a fait le métier de fille publique ou s'est livrée pour argent ;

6° Lorsque dans la même période elle a séjourné dans un lieu de débauche, ou lorsqu'elle a souvent fréquenté des lieux semblables;

7° Lorsqu'elle a un genre de vie débauchée, lorsque, par exemple, elle a eu plusieurs enfants naturels, ou a été condamnée pour adultère.

De cette législation se dégagent les trois grandes règles qui, dans presque tous les cantons suisses, régissent l'action en recherche de la paternité:

1° L'action est laissée aux mains de la mère.

2° Elle doit être intentée dans un délai très court.

3° Les exceptions basées sur l'immoralité de la mère, et sur la minorité parfois relative du défendeur, sont admises.

I. — *L'Action est laissée aux Mains de la Mère.*

On ne trouve d'exception à ce principe que dans les cantons de Berne, d'Argovie et de St-Gall.

Dans le canton d'Argovie, lorsque la paternité d'un homme est recherchée en justice et qu'il est sur le point d'être condamné, la commune où il a son domicile peut opposer toutes les exceptions qu'il pourrait opposer lui-même. Il y a là une ingérence de la commune explicable par ce fait que si l'homme condamné vient à ne pouvoir subvenir aux charges de la paternité, c'est sa commune qui en deviendra responsable. On peut rattacher au même ordre d'idées une autre disposition du même code beaucoup moins justifiable; l'art. 226 interdit à un homme pauvre de reconnaitre son enfant sans le consentement de la commune.

A Berne, la commune peut se substituer à la mère lorsque celle-ci refuse d'agir.

II. — *Délais dans lesquels on doit intenter l'Action.*

Nous avons vu que d'après le Code de Zurich, l'action ne pouvait être intentée par la mère qu'avant l'accouchement. Cette disposition ne se retrouve que dans le canton de Soleure.

Dans les autres cantons l'action peut être intentée après la naissance de l'enfant, mais pendant un temps très court. Le délai est d'un an en Argovie; de 3 mois à Bâle, à St-Gall, à Vaud; de 2 mois seulement en Valais.

III. — *Exceptions qui font repousser l'Action.*

Les six dernières exceptions notées dans le Code de Zurich se retrouvent presque partout, quelquefois sous des formes un peu différentes, mais le principe reste le même : l'action de toute femme dont la moralité est suspecte est considérée comme non avenue.

Cependant à Uri et à Bâle-Campagne, si plusieurs hommes sont convaincus de fréquentation avec la mère, ils sont condamnés solidairement. Les législations de ces deux cantons ne reconnaissent d'ailleurs à l'enfant aucun droit sur la succession de son père.

Quant à l'exception tirée de l'âge du défendeur, elle est diversement comprise suivant les cantons. A Berne, une femme, âgée de plus de 24 ans, ne peut pas poursuivre un mineur de 16 ans. De même dans le canton de Soleure. C'est de la comparaison entre l'âge des parties que semble résulter, d'une manière générale, l'exception. C'est ainsi que, dans le canton de Vaud, on trouve une disposition analogue ; seulement les chiffres 24 et 16 deviennent 20 et 16. De même d'après la loi d'Argovie, la femme majeure ne peut agir contre un mineur lors de la conception.

Pour avoir une idée complète de la législation suisse, aux règles précédentes il faut ajouter les deux suivantes :

1° Partout l'action en recherche de paternité doit être précédée d'une déclaration de grossesse faite devant l'autorité religieuse dans une période de temps strictement limitée.

2° Partout, mais à défaut d'autres preuves, le serment de la femme est admis. Nous n'entendons parler ici que du serment déféré par le juge ; il ne saurait être question de serment décisoire en notre matière.

C'est ainsi que le Code de Berne permet aux juges de déférer le serment à celle des parties qui leur paraît avoir les apparences pour elle.

Le Code de Glaris (1874) reconnaît formellement à la mère qui jouit d'une bonne réputation le droit de prêter serment.

Le Code des Grisons (1861) n'autorise le juge à déférer le serment que s'il reste un doute dans son esprit après les débats.

La loi de Fribourg (1871) est muette quant au serment.

Le Code de Zurich (1887) n'en fait pas mention, mais comme il s'en rapporte implicitement à l'appréciation du juge, celui-ci semble pouvoir alors le déférer.

Le défendeur peut aussi être appelé à prêter serment,

mais en général seulement si l'immoralité de la femme prive celle-ci du bénéfice de la préférence.

Ajoutons enfin qu'en Suisse comme en Allemagne, les enfants nés de fiançailles sont placés dans une situation privilégiée. Ils sont mis à la charge du père, par une sorte d'adjudication qui en fait des enfants légitimes.

LÉGISLATION ANGLAISE

La législation anglaise offre comme caractère distinctif d'avoir poussé à l'extrême le principe que malgré la reconnaissance de ses parents, l'enfant naturel est *filius nullius*. La filiation établie ne fait jamais naitre au profit de l'enfant que le droit aux aliments.

La mère peut d'ailleurs réclamer avec la plus grande facilité cette pension alimentaire que l'Act de 1872 fixe à 325 fr. par an au maximum. Dans l'ancien Droit anglais, l'action n'était pas intentée par la mère, mais par les inspecteurs de la paroisse auxquels la femme s'adressait en cas d'indigence. Le serment de la femme suffisait pour établir la paternité.

Les Acts de 1834 et 1835, auxquels les Acts de 1844, 1872, 1873 sont venus apporter des modifications de détail, ont changé la procédure.

L'action est aujourd'hui intentée par la mère, soit avant la naissance, soit dans les douze mois qui suivent l'accouchement. La mère doit joindre à son témoignage ce que les jurisconsultes anglais appellent la *corroborative évidence*, c'est-à-dire un faisceau de preuves capables de persuader les juges. La paroisse n'intervient plus, que si l'enfant tombe à sa charge.

Il est à remarquer que les actions en recherche sont considérées par le Droit anglais comme ayant fort peu d'importance, ce qui est assez naturel d'ailleurs si on en considère le résultat. Elles ne sont pas déférées au jury, mais à un tribunal formé de deux juges de paix (petty session) avec appel devant l'assemblée des juges de paix du comté.

On voit par ce qui précède que la loi anglaise entière est très peu libérale pour les enfants naturels. La jurisprudence, suivant en cela une marche analogue à celle adoptée par la Cour de Cassation française, est venue tempérer cette rigueur, au moins en ce qui concerne les dommages et intérêts. Mais il est à remarquer que le correctif que nous allons avoir à indiquer et qui influe sur la théorie des enfants naturels en ce qu'il a pour résultat l'allocation des dommages et intérêts à la mère repose sur un ordre d'idées particulier. Les dommages et intérêts ne sont pas dus par suite du fait même de la naissance, mais parce que ce fait fait présumer la rupture d'une promesse de mariage. Il y a là juxtaposition de deux théories très différentes. Les tribunaux anglais accordent en effet très facilement des dommages et intérêts assez forts, à la femme qui peut prouver qu'un homme l'a quittée après lui avoir fait une promesse de mariage. En 1892, M. le juge Wright a déclaré d'autre part devant le jury de Leeds, qu'une promesse de mariage pouvait résulter non seulement d'un écrit, mais encore d'une poignée de mains, d'un clin d'œil et de mille autres manifestations. Dans l'affaire à laquelle nous faisons allusion, on a vu condamner à 2.500 fr. de dommages et intérêts, un professeur de dessin. Et cependant le malheureux ne s'était engagé ni par écrit, ni par parole. Les seuls griefs invoqués contre lui étaient que pendant ses leçons il ne cessait de soupirer, et qu'un jour il avait profité de l'absence de la gouvernante pour serrer la main de son élève. En présence de pareilles décisions, il ne semble pas douteux que la venue d'un enfant ne soit considérée comme une promesse formelle pouvant donner lieu au maximum des dommages et intérêts.

Il faut ajouter que les parents eux-mêmes de la femme séduite peuvent demander des dommages et intérêts au séducteur, non, il est vrai, du chef de la séduction, mais en prouvant que leur fille leur rendait des services domestiques dont la séduction les a privés. C'est une action analogue à celle que le Droit anglais reconnait au maitre contre le séducteur de sa servante.

Les jurys anglais étant très faciles sur ce genre de preuve et, une fois celle-ci faite, n'étant pas tenus de limiter les dommages et intérêts au chiffre de la perte prouvée, on voit qu'en Angleterre, la séduction peut encore coûter assez cher.

Le système que nous avons exposé au début ne peut s'appliquer qu'au cas où il est impossible d'admettre la possibilité d'une promesse de mariage, cas infiniment rare.

LÉGISLATION ESPAGNOLE

Jusqu'en 1889, l'Espagne n'avait pas de Code Civil. La jurisprudence prenant un point d'appui sur des textes assez vagues des coutumes, soutenue d'autre part par l'opinion publique, admettait alors la liberté absolue de la recherche de la filiation.

Il semble cependant que le Droit ancien fut partisan au contraire du système de la prohibition presqu'absolue.

En 1851, en effet, s'il faut en croire le Dictionnaire d'Escriche (1), au mot *Paternidad*, les règles en usage sont celles d'une loi de Toro, de 1505. D'après cette loi, la paternité naturelle ne peut se prouver que dans deux cas :

1° S'il existe une reconnaissance du père ;

2° Si l'enfant est né d'une concubine entretenue dans la maison du père.

En 1873, au contraire, M. Molina Blanco (2) déclare que la jurisprudence admet que toute reconnaissance du père suffit pour établir le lien de filiation, qu'elle soit faite par acte authentique, par écrit privé, par déclaration orale en présence de témoins, ou tacitement par la possession d'état.

D'autre part, les auteurs espagnols citent un arrêt de la Cour suprême de Madrid, arrêt remontant à 1865, qui, selon eux, établit la liberté de la recherche de la filiation (3).

Telle était la situation, lorsque l'Espagne sentit la nécessité de se donner un code civil.

Deux projets furent déposés. Le premier prohibait absolument toute recherche aussi bien de maternité que de paternité. Il fut repoussé. Le second projet déposé le 24 avril 1882, fut adopté et promulgué en 1889.

(1) Escriche, *Diccionario de jurisprudencia y legislacion*, Paris, 1851.

(2) Molina Blanco, *Derecho Civil espanol*, Madrid, 1873, t. II.

(3) Navarro Amandi, *Codigo civil de Espana*, Madrid, 1880, t. I, p. 563.

Il est à remarquer que le Code Civil n'a pas abrogé les coutumes locales (fueros). Ces coutumes subsistent dans leur intégrité et ce n'est qu'en cas de silence de leur part que le Code a force de loi.

Comme le Code français, le Code espagnol admet parallèlement la reconnaissance volontaire et la recherche judiciaire. Nous allons examiner successivement ces deux points.

I. — De la Reconnaissance.

La reconnaissance des enfants naturels est régie par l'article 131. Elle doit se faire dans l'acte de naissance, dans un testament ou dans tout autre document public.

On voit qu'il n'est plus question de la reconnaissance verbale faite devant témoins, admise par la jurisprudence.

Quant à la reconnaissance par acte sous seing privé, elle peut seulement donner naissance à une action en recherche (art. 135 2°).

Notons enfin la disposition de l'article 132 : « Lorsque le père ou la mère reconnait l'enfant par acte séparé, il ne peut révéler le nom de la personne avec laquelle il l'a eu, ni indiquer aucune circonstance permettant de la reconnaitre. »

II. — De la Recherche de la Filiation.

L'article 135 s'occupe à la fois de la recherche de la paternité et de celle de la maternité. Voici ses dispositions :

« L'enfant peut forcer ses père et mère à le reconnaitre :

1° S'il justifie avoir à bon droit la possession d'état de leur enfant naturel ;

2° S'ils ont, par écrit, reconnu leur paternité ;

3° En cas de viol, d'attentat (traduct. du mot *estupro*) et de rapt.

En outre la mère serait obligée de reconnaitre son enfant si on venait à prouver contre elle qu'elle est réellement la mère du réclamant. »

De la généralité des termes de ce dernier paragraphe, il résulte que la recherche de la maternité est permise dans tous les cas, tandis que la recherche de la paternité ne l'est que dans des cas limitativement déterminés.

A l'égard de cette dernière, il est à remarquer que les articles du Code Pénal de 1870, qui régissent actuellement le viol, l'estupro et le rapt, sont très compréhensifs. Il y a viol, en effet, non seulement quand le fait est commis sans le consentement de la femme, mais même avec ce consentement, quand la fille a moins de 12 ans révolus. Il y a estupro quand le fait est commis sur une personne de 12 à 23 ans : 1° avec tromperie de la part de tout homme ; 2° même sans tromperie, si la situation de celui qui a commis le délit, soit dans la société, soit auprès de la fille, rend la faute plus grave.

Enfin, le rapt est punissable quel que soit l'âge de la personne enlevée, si l'enlèvement est commis par force, et même sans emploi de la force, quand la personne enlevée a moins de 23 ans accomplis.

On voit, en résumé, que si les principes généraux sont

à peu près les mêmes dans les Codes espagnols et français, l'application diffère beaucoup. Le Code espagnol a accompli la réforme que la plupart des détracteurs de l'article 340 réclament en France.

CHAPITRE III

EXAMEN CRITIQUE DES DIFFÉRENTS SYSTÈMES PROPOSÉS SUR LA QUESTION DE LA FILIATION NATURELLE

Presque toutes les législations actuelles permettent à l'enfant d'établir sa filiation maternelle. Certains limitent les moyens de preuve, d'autres se contentent de ne pas faciliter cette preuve. Le principe général ne reste pas moins vrai : la recherche de la maternité est admise. Nous n'aurons donc à nous occuper que de la filiation paternelle. Une première question se pose, question qui intéresse à la fois la filiation maternelle et la filiation paternelle. Doit-on distinguer les enfants naturels suivant que les parents les ont ou ne les ont pas reconnus ? En d'autres termes faut-il attribuer à la reconnaissance volontaire une valeur légale particulière ? Presque toutes les législations se sont prononcées pour l'affirmative ; les unes en décidant, comme l'a fait le Chili, que la reconnaissance volontaire pourrait seule donner naissance au droit successoral ; les autres, plus nombreuses, en limitant les cas où la reconnaissance volontaire n'est pas nécessaire à l'enfant.

La reconnaissance volontaire peut cependant soulever

deux objections très graves. En premier lieu, s'il est d'intérêt public, comme on semble le dire, que les enfants naturels ne puissent établir leur filiation, on ne comprend pas comment la loi peut permettre aux particuliers de réduire à néant cette prohibition par un acte dépendant uniquement de leur volonté.

De plus la reconnaissance, n'étant soumise en général à aucun contrôle, ne peut inspirer une grande confiance. Rien n'empêche actuellement la reconnaissance d'un enfant par des personnes qui n'ont pas participé à sa naissance, et c'est là un fait que la loi devrait empêcher.

Il résulte de ces deux considérations que la reconnaissance volontaire n'a pas à nos yeux la valeur qu'on lui attache en général. C'est donc la recherche judiciaire de la paternité que nous allons étudier.

I. — *Systèmes de Prohibition de la Recherche.*

Le système de prohibition était inconnu dans les lois des peuples civilisés avant l'apparition du Code français. Depuis, la Belgique, l'Italie et quelques autres pays l'ont adopté quoiqu'il fût très différent de celui suivi par leurs législations nationales.

Les législateurs français semblent tenir à ce système auquel ils ont donné naissance. L'abrogation de l'art. 340 a cependant été souvent demandée, mais toujours sans succès.

MM. Schœlcher, Foucher de Careil et Bérenger déposèrent les premiers, en 1878, une proposition de loi dans ce sens. Le rapporteur, M. Cazot, conclut au rejet et le Sénat se conforma à l'avis de son rapporteur.

A la Chambre, la proposition de M. Gustave Rivet subit le même sort, quoique le rapport de M. Germain Casse conclût à la prise en considération.

Tout récemment enfin M. Groussier, au nom du groupe socialiste, a remis la question à l'ordre du jour. Sera-t-il plus heureux ? L'opinion publique s'est émue de son côté et, représentée par la doctrine, a éloquemment réclamé la liberté de la recherche.

On peut observer le même mouvement des esprits en Italie et en Belgique.

Lorsque, en 1865 l'Italie se donna un code civil, l'art. 340 du Code français, devenu l'art. 189 du Code italien, ne passa pas sans graves discussions. Le principe fut soutenu dans le sein de la Commission par le député Pisanelli et attaqué avec la même vigueur par le député Precerutti. La Commission fut même sur le point de se laisser convaincre par ce dernier (1). Le ministre de la justice, d'autre part, en présentant à la sanction du Roi le Code Civil voté par les Chambres, admit que les objections à l'art. 189 étaient très graves et capables de conduire plus tard à une déclaration législative. En présence de l'art. 2 de la Constitution, qui pose des limites à l'action réformatrice du pouvoir exécutif, il ne crut pas pouvoir aller plus loin et se contenta de faire des vœux « pour qu'en interrogeant soigneusement l'état de l'opinion publique en Italie, on fît de la question de nouvelles recherches et de

(1) Procès-verbaux. — Séance du 27 avril 1865.

nouvelles études pour avoir une solution plus mûre, plus respective et plus autorisée de ce grave problème (1) ».

Depuis, on ne trouve mentionné qu'un seul projet de loi déposé par M. Salvatore Morelli, et demandant le retour aux dispositions du Code Albert. Cette demande ne paraît avoir eu aucune suite. Si l'initiative parlementaire est restée presque muette sur la question, il n'en est pas de même de la doctrine qui s'en est beaucoup occupée et, en Italie comme en France, l'art. 189 a de nombreux détracteurs.

En Belgique, enfin, voici l'avis d'un éminent jurisconsulte, M. Laurent : « Les législateurs n'auraient pas dû abolir la recherche de la paternité, mais la subordonner à des conditions rigoureuses comme ils l'ont fait pour la recherche de la maternité ; par là, ils auraient donné satisfaction au droit de l'enfant, au lieu de le sacrifier. Le scandale ne devait pas les arrêter, car ceux qui s'en plaignent sont d'ordinaire les coupables. On ne recherche jamais la paternité contre des hommes qui ne hantent pas les mauvaises sociétés. S'il y a des femmes éhontées, il y a aussi des séducteurs infâmes, à force de protéger les honnêtes gens on donne une prime d'encouragement à ceux qui n'ont ni foi ni loi (2) ».

M. Laurent, chargé par le ministre de la justice de Belgique de présenter un projet de revision du Code Civil, a conclu, conformément à son enseignement, à l'abrogation de l'art. 340. Ce projet général a été suivi de dépôt de projets partiels.

(1) Rapport sur le Code Civil à S. M. dans l'audience du 25 juin 1865.
(2) *Principes de Droit Civil*, t. IV, p. 83.

Le titre de Filiation a été confié à M. Van Berchem, conseiller à la Cour de Cassation, dont les conclusions sont conformes à celles de M. Laurent. Il ne semble donc pas douteux que la Belgique voie bientôt s'effacer de ses lois le principe de la prohibition absolue. Nous croyons qu'elle n'aura pas à le regretter.

Ce système méconnait, en effet, le droit de l'enfant. Bonaparte a dit pour justifier l'art. 340 « La société n'a aucun intérêt à ce que les bâtards soient reconnus ». Cette idée, en elle-même, n'est peut-être pas d'abord absolument exacte. Ces bâtards que la loi abandonne, la pauvreté jointe au mépris du monde en fera des déclassés, des adeptes pour les pires théories, et s'ils viennent un jour à déclarer la guerre à cette société qui les a repoussés, celle-ci ne devra-t-elle pas regretter d'avoir manqué de prévoyance en même temps que de justice ?

Il semble de plus que c'est renverser les principes juridiques que d'exiger un intérêt pour ne pas méconnaitre un droit.

Partout ailleurs, dans le Code, on voit écrit que seul l'intérêt commun peut faire accepter ce qui parait une injustice individuelle. Plus l'injustice est forte, plus l'intérêt social qui l'excuse doit être considérable.

La question qui se pose est celle-ci : l'intérêt social est-il suffisamment mis en péril par les recherches que l'enfant naturel pourrait faire de sa filiation pour que, malgré le droit naturel indéniable que l'enfant a de faire ces recherches, la loi écrite vienne l'en empêcher? On l'a prétendu, et cela pour trois motifs différents. Il faut aller chercher ces motifs dans les discussions mêmes du Code.

Aucun argument nouveau n'a été fourni depuis en faveur de l'art. 340, ni en France ni à l'étranger. Voici ces trois motifs :

1° Intérêt de l'amélioration des mœurs ;

2° Crainte du scandale ;

3° Impossibilité de la preuve.

Nous allons rapidement les passer en revue.

I. — Intérêt de l'Amélioration des Mœurs.

Les législateurs de 1804 pensaient que le principe de la liberté de la recherche était la cause du dérèglement des mœurs qui fut assez sensible en France, au XVIIIe siècle. Ils espéraient que « quoique tardive, la réforme accomplie par l'art. 340 n'en opérerait pas moins les heureux résultats qu'on devait en attendre, puisque l'effet des bonnes lois est d'amener insensiblement les bonnes mœurs (1) ». Cet effet a été tellement insensible qu'on en est encore à l'attendre, et le tribun Lahary ne se doutait pas qu'il fournirait un argument puissant aux détracteurs du principe dont il célébrait pompeusement l'apparition. De ce que les bonnes lois amènent les bonnes mœurs, il résulte que du moment que les mœurs sont détestables, c'est que la loi ne vaut rien.

Si on en croit les documents statistiques, la régénération morale de la France n'est pas encore accomplie.

(1) Locré, t. VI, p. 122.

Renseignements Statistiques.

Les renseignements de la statistique permettent de comparer le nombre des naissances illégitimes dans les différents pays. Ils permettent également de se rendre compte de l'influence que peut avoir la législation sur certains points particuliers (mortinatalité, criminalité) de la position des enfants naturels.

Bien que les résultats constatant le nombre des naissances illégitimes soient seuls en rapport avec la plus ou moins grande dépravation des mœurs, nous croyons devoir réunir dans une même étude de statistique comparée, tous les renseignements que nous avons pu recueillir sur différents points.

I. — Nombre des Naissances illégitimes.

Si l'on prend l'année 1883, la dernière sur laquelle on trouve des renseignements statistiques complets, les chiffres suivants représentent le nombre des naissances illégitimes, 1.000 naissances vivantes étant prises comme point de comparaison :

En France, 72,2 ; en Belgique, 80,1 ; en Italie, 77,5 ; en France, où les renseignements sont plus récents, le chiffre s'élève à 83,6 pour 1889, et à 84,8 pour 1890. Tels sont les résultats pour les pays qui repoussent le principe de libre recherche.

Si l'on prend, au contraire, les pays qui admettent la

recherche, on trouve en Suisse une proportion de 48,5 ; en Espagne, 59,2 ; en Serbie, 9,6 ; en Angleterre, 48,5 ; en Irlande, 25,8.

Il faut d'ailleurs reconnaître que tous les résultats ne sont pas aussi favorables, et que l'Allemagne et l'Autriche fournissent des chiffres tout différents : l'Allemagne, 92,0 et l'Autriche, 144,5 qui est la proportion la plus forte connue.

Il semble cependant que dans l'ensemble des pays où la recherche est admise, la proportion est moins forte que dans ceux où elle est interdite.

D'autre part, si au lieu de comparer les chiffres fournis une même année par tous les pays, on suit dans chaque pays la marche des naissances illégitimes, on trouve les résultats suivants : en France la proportion qui, en 1870, était de 74,6, et en 71, de 71,5 seulement, est en 1883 de 76,2, en 1889, de 83,6, en 1890, de 84,8. Il y a là une augmentation manifeste.

Même observation en Belgique : de 71,6, en 1870, on passe en 1878, à 73,3, et en 1883, à 80,1.

De même en Italie on note une variation de 64,1, en 1870, à 77,5, en 1883.

Au contraire, en Suisse, la proportion varie de 50,8, en 1872, à 48,5, en 1883 ; en Angleterre, de 56,4, en 1870, à 48,5, en 1883 ; en Irlande, de 27,3 à 25,8 pour les mêmes années.

La même décroissance se remarque dans les principaux Etats de l'Allemagne qui cependant, nous l'avons vu, dérogent à la première règle.

En Saxe, de 137,3, en 1870, on passe par les chiffres

de 130,4, en 1874; de 127,9, en 1881, pour arriver à 127,6 en 1883.

En Thuringe, 114,9, en 1870, 113,0, en 1873, 106,0, en 1879, et 104,4, en 1882.

En Bavière, 164,1, en 1870; 139,0, en 1873; 134,5, en 1881, et 131,9, en 1883.

En Wurtemberg, 128,1, en 1870; 94,5, en 1873, et 89,2 en 1882.

L'Autriche elle-même s'est conformée à la même règle jusqu'en 1875 (130,9 en 1870, 121 en 1873, 119 en 1875), mais à partir de 1876, le nombre des enfants naturels est toujours allé en croissant (123 en 1876 143,5 en 1879, 144,5 en 1883).

La décroissance du nombre des enfants naturels dans presque tous les pays qui admettent la recherche de la paternité, surtout lorsque cette décroissance est observée sur une période d'une douzaine d'années, peut sembler ne pas être simplement un résultat de hasard, lorsque l'on voit, au contraire, une augmentation presque constante se produire dans les pays qui admettent le principe contraire. Il est à remarquer, de plus, que les éléments particuliers à chaque pays, qui viennent fausser les résultats d'une étude de statistique comparée par cela même qu'il est impossible d'en tenir compte, sont sans influence lorsqu'on suit à travers les années, dans un même pays, des chiffres recueillis dans les mêmes conditions.

Nous adjoignons à cette étude, le tableau renfermant les chiffres sur lesquels nous avons basé notre raisonnement. Il est emprunté aux *Confronti internationali* de M. Bodio.

Nous avons d'autre part tracé, d'après ce tableau, la

courbe représentative des naissances illégitimes dans quelques pays.

Si l'on considère ces courbes, on est frappé de la ressemblance des courbes de France, de Belgique et d'Italie, surtout si l'on se souvient de l'identité presqu'absolue des décisions des Codes de ces pays en ce qui concerne la recherche de la paternité.

On peut suivre, d'autre part, la marche tout à fait anormale des naissances illégitimes en Autriche.

La courbe de Finlande présente un exemple de la courbe presqu'idéale qui serait une ligne droite. La ligne droite correspondrait, en effet, à une diminution constante du nombre des enfants naturels.

On pourrait cependant concevoir une autre courbe idéale. Ce serait une courbe se rapprochant de l'horizontale tracée par le point 0, jusqu'à prendre celle-ci pour asymptote. La courbe d'Angleterre correspond assez bien à cette idée, seulement au point 44 au lieu du point 0.

La courbe du Wurtemberg rend sensible la décroissance très rapide du nombre des enfants naturels dans ce pays.

Sur 1000 naissances vivantes, combien d'illégitimes?

	1870	1871	1872	1873	1874	1875	1876	1877	1878	1879	1880	1881	1882	1883
France..........	74.6	71.5	72.1	74.6	72.6	70.3	69.6	70.8	72.3	71.5	74.1	74.8	76.2	»
Alsace..........	»	»	77.6	77	69.4	68.6	68.5	66	69.4	72	71.7	76	77.5	»
Belgique..........	71.6	70.3	70.8	71	69.5	69.5	71	71.3	73.3	76.1	76.7	78.5	80.9	80.1
Pays-Bas..........	35	34.3	36	35.3	33.4	31.8	32.3	32.2	32.9	31	28.9	28.1	29.4	»
Italie..........	64.1	66.2	69.5	71.1	72.8	69.6	70.3	72	71.6	72.6	74.2	73.5	75.1	77.5
Roumanie..........	34.8	33.3	36.4	34.6	37.9	36.5	41.9	47.7	44.8	51.2	53.8	49.5	51.9	»
Grèce..........	12.4	13.9	13.8	11.7	13.7	14.8	13.5	14.6	14	7.8	9	10	8.4	»
Russie..........	27.9	20.8	29.2	27.9	28.2	27.7	27.4	»	»	»	»	»	»	»
Espagne..........	55.5	»	»	»	»	»	»	»	»	»	54	54.6	61.5	59.2
Suisse..........	»	»	50.8	49.3	47.2	48.4	49.2	47.9	46.7	45.2	45.0	47.1	48.6	48.5
Allemagne..........	»	»	87.7	91.3	85.7	85.6	85.7	85.7	85.8	87.5	89	89.7	92	»
Prusse..........	79.2	77.7	70.5	75.6	71.5	73.8	73.7	74	74.5	76.2	78.2	77.1	79.9	79.8
Saxe..........	137.3	134.5	128.6	137.6	130.4	126	124.3	123.1	122.5	126	125.9	127.9	130.8	127.6
Thuringe..........	114.9	113.5	102.1	113	102.9	100.3	98.5	99.5	102.7	106	101.1	102	104.4	107.7
Bavière..........	164.1	151.2	143	139	129.9	125.6	128.6	128.9	126.9	128.4	130.3	134.5	135.9	131.9
Wurtemberg..........	128.1	115.6	92.2	94.5	97.8	85.3	82.5	81.3	82	84.8	85.1	88.5	89.2	»
Bade..........	115	109.7	93.3	91.7	83.3	76	75.4	73.1	72.6	73.6	72.6	77.1	78.4	77.7
Autriche..........	130.9	129.7	121.9	121.1	119.3	119	123.6	138.5	140.5	143.5	146.3	143.4	144	144.5
Hongrie..........	68.3	66.1	64.8	64.6	65.1	67.4	72.9	74.1	73.4	77.1	79.4	79.3	81.1	»
Croatie..........	»	»	»	»	42.7	48.3	50	53.7	55	56.2	57.6	57.8	57.8	»
Serbie..........	3.3	4.3	4.3	4.3	4.5	4.1	4.6	5.6	6.8	7.1	7.6	8.6	9.2	9.6
Finlande..........	92.4	92.9	88.7	83.4	81	79.4	75.5	70.8	74.3	71.9	72.8	69.9	70	»
Suède..........	103.6	110.3	110.2	110	106.9	102.1	100.2	98.7	97.5	99.3	102.3	100	102.6	»
Norwège..........	90.9	91	88.9	90.5	91.5	88.3	87.8	85	79.4	84.4	83.2	82.8	80.3	»
Danemark..........	111.4	113.6	111.8	116.2	108.2	103.9	99.9	102.5	101.2	100.5	100.5	99.2	104.9	»
Angleterre..........	56.4	56.1	54.2	52	50.4	48	46.8	47.5	47.2	47.9	48.3	48.8	48.5	»
Ecosse..........	96.3	95.4	92	91.3	88.8	87.2	87.2	88.3	87.1	84.6	84.2	83.1	83.6	80.6
Irlande..........	27.3	27.4	25	24.2	23.1	22.8	23.2	23.8	23.1	24.9	25	25.4	26.6	25.8
Massachusetts..	7.4	10.9	7	13.2	14.2	14.4	16.9	16.7	15.5	17.8	17.6	17.7	18.9	22
Vermont..........	»	»	7	6	8.7	9 7	11	»	»	»	»	»	»	»
Connecticut..........	»	»	»	»	»	»	»	»	10.2	11.4	10.6	10.4	11.4	»
Rhode Island...	»	»	»	»	»	»	»	»	»	»	»	»	8.6	7.1

COURBES REPRÉSENTATIVES DU NOMBRE DES NAISSANCES ILLÉGITIMES DANS QUELQUES PAYS

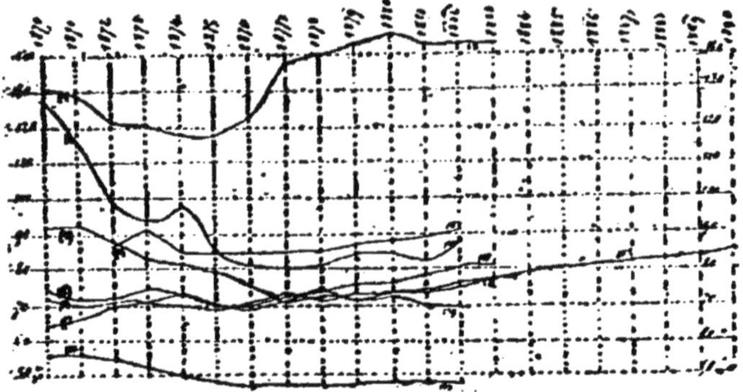

II. — *Mortinatalité des Enfants illégitimes*

On a calculé la proportion qui existe entre la mortinatalité des enfants légitimes et celle des enfants illégitimes.

Ce calcul, en prenant 100 mort-nés légitimes comme point de comparaison, a donné pour les enfants naturels les chiffres suivants : en France 189, en Belgique 135, dans les Pays-Bas 163, en Italie 133, en Suisse 168, en Allemagne 129, en Bavière 110, en Saxe 122, en Wurtemberg 108, à Bade 121, en Autriche 158, en Suède 134, en Danemark 125.

Quand on compare ces chiffres, on est frappé de deux choses : d'abord du chiffre effrayant atteint en France. Il semble de plus que la mortinatalité est moins élevée dans

(1) Courbe de l'Autriche.
(2) — du Wurtemberg.
(3) — de la Finlande.
(4) — de l'Allemagne.
(5) — de la France.
(6) — de la Belgique
(7) — de l'Italie.
(8) — de l'Angleterre.

l'ensemble des pays qui admettent la recherche de la paternité que dans les autres.

Ce résultat n'a rien de surprenant si, comme le pense M. Bertillon, le facteur le plus important de la mortinatalité illégitime consiste dans la misère de la mère. M. Bertillon base son raisonnement sur le fait que la mortinatalité des femmes mariées qui accouchent dans les hôpitaux, et dont par suite on peut supposer la pauvreté, est aussi considérable que celle des femmes non mariées. Nous lui empruntons le tableau suivant dressé pour Paris (1) :

	LÉGITIMES		ILLÉGITIMES	
	nés au domicile de leur mère	nés hors du domicile	nés au domicile de la mère	nés hors du domicile
1880	64	96	84	93
1881	66	136	81	107
1882	69	117	88	107
1883	64	126	88	90
1884	67	122	70	95
1885	65	128	82	83
1886	63	128	69	106

Il ne faut pas oublier, cependant, que les accouchements qui se font dans les hôpitaux sont le plus souvent des accouchements difficiles. C'est là un facteur qui ne se retrouve pas égal dans les deux termes de la comparaison.

Malgré cette observation il n'en reste pas moins acquis que la misère de la mère influe sur la mortinatalité. On ne saurait nier d'autre part que la prohibition de la recherche contribue à la pauvreté des filles-mères.

(1) *Travaux de la section de Démographie* (IVe congrès de Démographie), Vienne, 1887. Rapport du docteur J. Bertillon.

III. — *Criminalité des Enfants naturels.*

Nous avons dit que la prohibition de la recherche de la paternité devait fatalement faire des enfants naturels des déclassés. Il serait intéressant de savoir, à cet égard, quelle est, chaque année, la proportion d'enfants naturels condamnés. Malheureusement la statistique ne fournit pas ce renseignement. Le seul document à consulter est le Compte général de l'administration de la justice criminelle. A partir de 1870, ce document a été très réduit et le tableau donnant le nombre des enfants naturels accusés a disparu. Il est à remarquer que la statistique criminelle ne s'est jamais occupée que des accusés, et non des condamnés.

Nous devons les quelques renseignements suivants à M. Yvernès, le très distingué secrétaire général de la société de statistique dont la parole fait loi en ces matières.

Dans un rapport rétrospectif (1826-1850), adressé au chef de l'Etat, le garde des sceaux s'exprimait ainsi : « Le nombre des enfants naturels parmi les accusés est tous les ans peu considérable : il n'excède pas 21 sur 1.000. Peut-être l'instruction ne constate-t-elle pas toujours ce fait. Les enfants naturels commettent d'ailleurs proportionnellement plus de crimes contre les propriétés que de crimes contre les personnes. Ils forment seulement 14 millièmes des accusés de la dernière classe, tandis qu'il y en a 24 sur 1.000, accusés de crimes contre les propriétés ».

Dans un autre rapport décennal (1851-1860), on lit ce

qui suit : « Le nombre proportionnel des enfants naturels parmi les accusés tend un peu à augmenter. Il a été de 27 sur 1.000 de 1851 à 1860, après s'être maintenu à 20 sur 1.000 de 1841 à 1850. Pendant les deux dernières périodes, il a été plus élevé parmi les femmes accusées, que parmi les hommes, parmi les accusés de crimes contre les propriétés, que parmi ceux accusés de crimes contre les personnes ».

Enfin en 1869, la dernière année pour laquelle la statistique criminelle fournit cette indication, sur 4.189 accusés jugés contradictoirement, 138 étaient enfants naturels; c'est une proportion de 33 sur 1.000.

De ces renseignements on peut conclure que le nombre des enfants naturels accusés avait une tendance à augmenter. Il est douteux que ce mouvement se soit trouvé enrayé. D'autre part, de ce que les crimes contre les personnes sont moins nombreux que ceux contre les propriétés, on peut induire que c'est la misère qui pousse les enfants naturels au vol.

Il est probable de plus que les chiffres fournis par le ministère de la justice ne sont pas d'une exactitude rigoureuse, le garde des sceaux lui-même, dans le rapport déjà cité, semble l'admettre. Ils sont complètement en désaccord, avec ceux fournis par un rapport de M. de Watteville, inspecteur général des établissements de bienfaisance, rapport présenté en 1849 : « J'ai eu l'occasion, dit M. de Watteville, de faire des recherches dans les bagnes et les maisons centrales sur le nombre des enfants naturels renfermés dans ces établissements. Il m'a été impossible d'en constater le nombre exact, parce que les condamnés cachent avec soin leur origine, mais j'ai acquis la certitude que le nombre des enfants naturels est de 15 °/₀ dans les bagnes et de 10 °/₀ dans les maisons centrales ». Nous sommes loin de l'insignifiante proportion accusée par le ministère de la justice.

D'autre part, on trouve le renseignement suivant relatif au pénitencier de Neufchâtel, ouvert en 1870, et où les hommes seuls sont internés. Voici le tableau des entrées depuis l'ouverture de l'établissement jusqu'en 1881 (1) :

	1870	1871	1872	1873	1874	1875	1876	1877	1878	1879	1880	1881
Légitimes....	41	44	63	154	49	121	44	38	52	46	51	32
Illégitimes...	5	6	6	13	7	5	5	4	4	3	5	7

Soit un total de 70 illégitimes pour 738 légitimes dans un espace de 12 ans, ce qui représente une proportion de près de 10 °/₀, chiffre concordant avec ceux de M. de Watteville. Il n'est peut-être pas inutile de rappeler que le canton de Neufchâtel est soumis au régime du Code Napoléon.

De cette étude de statistique, il résulte que jamais le nombre des enfants naturels n'a été si considérable qu'aujourd'hui et de plus que la misère des filles-mères est très grande et a des conséquences néfastes. Ces résultats sont-ils indépendants de la prohibition de la recherche de paternité ? Nous ne le croyons pas. Nous ajoutons même qu'il eût été facile de les prévoir. En inscrivant dans nos lois le principe de l'art. 340, le législateur a supprimé pour l'homme toutes les conséquences fâcheuses de

(1) *IVe Congrès d'hygiène et de démographie.* Genève 1882. Rapport du Docteur Ladame.

son inconduite. Pourquoi se gênerait-il pour satisfaire ses fantaisies, puisque la loi l'absout moralement et surtout pécuniairement ? Dans le siècle où nous vivons, le législateur ne doit pas oublier que l'homme réserve son attention aux lois qui le frappent dans son intérêt personnel. La morale n'est jamais si sûre d'être respectée que quand l'inobservation de ses prescriptions est pourvue d'une sanction. Le jour où une liaison de passage pourra entrainer pour le séducteur la reconnaissance forcée de l'enfant qui en sera né, le jour où l'association d'intérêts qui forme le mariage pourra être troublée par une action en recherche de paternité, ce jour-là il n'y aura plus ni liaisons illégitimes, ni adultères. Les fautes coûteront trop cher. « A ces irrésistibles passions qu'inspirent les femmes, les hommes résisteront tout à coup avec une vertu dont ils ne se seraient jamais crus capables, comme ils résistent au désir de prendre les sébilles pleines d'or des changeurs parce qu'il y a une loi qui appelle ce désir un vol et qui punit les voleurs » (1).

II. — Crainte du Scandale.

Faire cesser à tout prix les scandales auxquels l'ancienne jurisprudence avait donné lieu fut le motif déterminant du vote de l'art. 340.

Il ne nous parait pas impossible de répondre à cet argument.

En premier lieu, qu'on interdise ou non la recherche de la paternité, le scandale n'en sera pas moins produit.

(1) Alexandre Dumas. *Affaire Clémenceau*, p. 93.

On ne peut empêcher la fille-mère d'intenter une action en dommages et intérêts à son séducteur. La seule ressource du tribunal saisi sera de refuser l'indemnité demandée sans même discuter le fond de la question, en se retranchant derrière l'art. 340. Le système actuel a même ceci de particulier que, quelle que soit l'honorabilité de l'homme poursuivi et n'eût-il jamais vu la fille qui l'accuse, il ne pourra prouver son innocence. Il restera toujours un doute dans l'esprit du public disposé par nature à la malveillance. La loi ne protège que le coupable en identifiant sa situation à celle de l'innocent. Le refus de l'action ne peut profiter qu'à celui qui est incapable de prouver sa non culpabilité.

L'extension de l'idée qu'il faut à tout prix éviter le scandale produirait d'autre part un singulier système pénal. Dans un pareil système l'infanticide, l'avortement, le parricide et combien d'autres crimes resteraient impunis! On ne saurait nier, en effet, que leur répression, qui parvient aux oreilles de tout le monde, produit infiniment plus de scandale que le crime lui-même, dont l'auteur serait le plus souvent ignoré sans l'action de la justice, ou tout au moins connu de peu de personnes.

Aussi peut-on dire que la crainte de trouver trop de coupables a été le vrai motif du vote de l'art. 340, beaucoup plus que celle de laisser poursuivre des innocents; seulement elle était difficile à avouer.

III. — Difficulté de la Preuve.

On a apporté, comme appoint aux deux raisons précédemment indiquées, la difficulté de faire la preuve de la paternité. Cette raison n'en est pas une. La preuve incombant naturellement à celui qui intente l'action, la difficulté invoquée aurait simplement pour résultat de faire triompher plus difficilement la poursuite.

De plus, la fréquentation pendant le temps de la conception est un fait très facile à prouver, et qui a assez d'importance pour servir de base à une présomption. La filiation légitime elle-même ne repose que sur une présomption.

Aucune des trois raisons invoquées en faveur de l'article 340 ne peut donc justifier le déni de justice commis au préjudice de l'enfant par un système de législation que M. Alexandre Dumas a pu dépeindre ainsi dans une page un peu paradoxale, mais très vraie au fond :

« La législation s'est dit : Quel est le plus coupable des trois, du père, de la mère ou de l'enfant ? C'est incontestablement le père, puisqu'il ne court aucune chance physique ou morale, qu'il n'a d'autre but que de satisfaire sa curiosité, son désir, ses sens. Eh bien ! puisqu'il n'a pas de responsabilité physique ou morale, je vais le libérer de toute responsabilité matérielle ou sociale ; je le mets hors de cause (car je suis homme, moi aussi, et l'on ne sait pas ce qui peut arriver à moi ou à quelqu'un des miens mâles), et ni la femme qu'il a rendue mère, ni l'enfant qu'il a volontairement appelé à la vie ne pourront rien lui réclamer.

La femme est-elle moins coupable que cet homme ? Evidemment, l'homme qui prend possession d'une femme sait toujours quelles conséquences cet acte peut avoir ; la femme, la jeune fille surtout, qui s'abandonne à cet homme, ne le sait pas toujours. En tout cas, ce qui la fait moins coupable, c'est qu'elle est plus exposée, que son honneur et sa vie sont en jeu, et qu'elle ne pourra cacher qu'elle a commis une faute qu'en trompant ou en détruisant !

La femme étant moins coupable que l'homme, moi, législateur, puisque je n'ai pas puni l'homme et qu'il faut cependant qu'il y ait punition, puisqu'il y a eu contravention aux lois morales, sociales et religieuses, je vais punir la femme. De même que j'ai reconnu à l'homme le droit de l'abandonner, je vais reconnaître à l'enfant le droit de la poursuivre pendant que la société se sera arrogé le droit de la mépriser et de l'exclure.

Reste l'enfant qui est absolument innocent, qui n'a même pas demandé à naître. Qu'il se prépare cet innocent, ce faible, ce pauvre ! car c'est sur lui que je vais frapper. Ecoute donc bien ceci, et que cela te décide, si tu as quelque bon sens à ne pas venir au monde : Si tu es un enfant naturel non reconnu, tu n'auras aucune revendication morale ni sociale à exercer contre ton père, quelques preuves que tu aies de sa paternité (1). »

Si la réforme de l'article 340 est nécessaire, on doit se demander quelle est la meilleure manière de l'effectuer.

Faut-il prendre modèle sur les systèmes que les interprètes désignent sous le nom de spécificatifs, c'est-à-dire sur les systèmes qui admettent la prohibition de la recherche de paternité, mais qui tempèrent ce principe par de nombreuses exceptions ? L'Espagne l'a pensé.

(1) A. Dumas, *Monsieur Alphonse*. Préface (Edition des Comédiens, T. VI, p. 11).

C'est, d'autre part, la solution adoptée par les projets de MM. Laurent et Van Berchem, en Belgique. En France, le mouvement parait également dans ce sens. Nous ne croyons pas cependant qu'une réforme partielle soit suffisante. Le système de la filiation naturelle nous parait devoir être refondu en entier, et cela aussi bien en ce qui a rapport à la filiation maternelle qu'en ce qui touche la filiation paternelle. Nous trouverons de précieuses indications à cet égard dans les Codes des pays admettant la libre recherche.

Système proposé.

Le système que nous proposons s'appuie sur les idées générales suivantes :

1° L'enfant a le droit d'établir sa filiation.

2° La loi doit non seulement ne pas gêner cette recherche, mais encore la favoriser ; le rôle du législateur étant surtout de veiller à la loyauté de l'action intentée en rapprochant le plus possible son introduction du moment de la naissance de l'enfant.

Selon nous, d'ailleurs, c'est l'acte de naissance qui doit être le mode régulier de la preuve de la filiation naturelle aussi bien que légitime. Développons cette idée.

I. — Acte de Naissance de l'Enfant naturel

Voici en quels termes l'art. 57 s'exprime au sujet de l'acte qui doit être dressé par l'officier de l'état civil pour constater les déclarations de naissance obligatoires, d'après la loi, dans tous les cas : « L'acte de naissance énoncera l'heure, le jour et le lieu de la naissance, le sexe de l'enfant, les prénoms, noms, profession et domicile des *père* et *mère* et ceux des témoins. »

La généralité des termes de cet article semble faire croire qu'il s'applique à tous les enfants, aussi bien naturels que légitimes et, que par suite, tout acte de naissance doit contenir les noms des père et mère de l'enfant.

Si l'on combine cependant l'art. 57 avec l'art. 340, on doit reconnaitre que l'inscription du nom du père, dans l'acte de naissance, est absolument contraire au principe de la prohibition de la recherche de paternité. Il n'est donc pas possible, dans l'état actuel de la législation, d'exiger cette inscription. Beaucoup d'auteurs en ont conclu que l'art. 57, ne s'appliquant pas au père de l'enfant naturel, il n'y avait pas plus de raison pour qu'il s'appliquât à la mère, et que par suite, il ne visait que les enfants légitimes.

Cette opinion, qui a pour résultat immédiat de dénier toute utilité à l'acte de naissance de l'enfant naturel, puisque celui-ci ne renferme plus aucune mention utile, s'appuie de plus sur ce que, dans le premier projet de Code présenté en l'an X, se trouvait, à côté de l'art. 57 actuel, un article conçu en ces termes : « S'il est déclaré que l'enfant est né hors mariage, et si la mère en désigne le père, le nom du père ne sera inséré dans l'acte de naissance qu'avec la mention formelle qu'il a été désigné par la mère ». Cette disposition fut adoptée au Conseil d'État le 2 frimaire an X, mais Siméon et Chabot la firent repousser au Tribunat et au Corps législatif, en faisant observer que son utilité existait seulement dans un système de législation n'acceptant la validité de la reconnaissance du père que corroborée par l'aveu de la mère. Ce système était celui du premier projet de Code, il est appliqué en Hollande (art. 339). Voici, d'ailleurs, en quels termes s'exprima Chabot, le 20 ventôse an X (1) : « L'article maintenu (57) ne s'appliquait, dans le projet de loi présenté en l'an X, qu'aux enfants légitimes, puisqu'on y avait inséré un autre article particulier pour les enfants nés hors mariage. Cet article qui a été maintenu dans le nouveau projet de loi, et auquel il n'a été fait aucun changement, ne s'applique donc encore qu'aux enfants légitimes ».

Ces raisons avaient entrainé la jurisprudence jusqu'en 1853 à déclarer, avec la majorité de la doctrine, que l'art. 57 ne s'appliquait pas aux enfants naturels, et que par suite, le nom de la mère même ne devait pas être inscrit dans l'acte de naissance. Elles n'ont plus paru suffisantes à la Cour de Cassation à partir de 1853, et dans un arrêt très motivé elle a changé de système : « Si à l'égard de l'enfant naturel, dit-elle, le nom du père ne doit pas être énoncé par le déclarant, ni mentionné par l'officier public, c'est parce que la paternité est un fait inconnu dont la recherche est interdite; mais. . . . . . . l'accouchement de la mère, c'est-à-dire le fait même de la maternité, étant un fait manifeste dont on peut rendre témoignage avec certitude, doit, aux termes de l'art. 57, être énoncé dans la déclaration des personnes à qui

(1) Locré, t. II, p. 106.

l'art. 56 donne la mission de déclarer la naissance (1) ». C'est qu'en effet, à l'opinion de Chabot on peut opposer celle de Siméon, touchant l'importance de la suppression de l'article du projet de l'an X. « De l'obligation de nommer le père, dit Siméon, le 17 ventôse an XI en assemblée générale du Tribunat, on n'induira pas qu'il doit être nommé s'il ne se déclare pas ou s'il n'est pas connu par son mariage avec la mère. L'existence de l'enfant est un fait, la mère est certaine et connue. Sans doute, la naissance suppose un père, mais quel est-il ? (2) » Il semble qu'il ne soit pas possible de dire plus clairement que l'art. 57 s'applique à tous les enfants et que le nom de la mère, sur lequel ne plane aucun mystère, doit être inséré dans l'acte de naissance.

On peut ajouter que le Conseil d'État, dans un arrêt du 12 thermidor an XII, approuvé le 25 du même mois, ayant à se prononcer sur des formules de l'état civil, a rangé, parmi les formules qu'il déclare essentiellement bonnes, celle d'un acte de naissance d'enfant naturel contenant les noms de ses père et mère. Il est à remarquer que, d'après les termes même de l'arrêt, les modèles indiqués ne l'étaient qu'à titre de conseil, et non à titre de disposition obligatoire, sans quoi, l'arrêt ayant été rendu à une époque où les arrêts du Conseil d'État approuvés avaient force de loi, il n'y aurait même pas de discussion possible.

La question qui nous occupe, et qui divise les esprits en

(1) Arrêt du 1er juin 1853. S. 1854. I, 95.
(2) Locré, t. II, p. 97.

France, a fait en Belgique, où les textes législatifs sont semblables, l'objet d'une discussion très approfondie, et d'autant plus intéressante qu'elle a eu lieu devant la Chambre des Représentants.

En 1860, en effet, la Chambre votant l'art. 361 de son nouveau Code pénal, article qui vise, comme le fait chez nous l'art. 346, le manquement aux déclarations ordonnées par les art. 55, 56, 57, eut à se préoccuper de savoir si cet article s'appliquait à l'acte de naissance de l'enfant naturel. La Chambre, après une discussion qui n'a pas duré moins de six séances, et conformément à l'avis de M. Tesh, ministre de la justice, montra son intention absolue d'adopter le système de la jurisprudence belge qui, dans un arrêt de novembre 1853, s'était ralliée au système de la Cour de Cassation française. Elle s'était contentée d'ajouter aux motifs de l'arrêt de juin 1853 le motif suivant : « Dans le sens de l'art. 56, dit la cour, déclarer la naissance, c'est déclarer ce qui doit servir à la rédaction de l'acte en conformité de l'art. 57. Cela résulte à l'évidence des art. 56 et 35. Le système contraire est absurbe, puisque la déclaration ne mentionnerait ni le jour, ni l'heure, ni le lieu où l'enfant est né, ni son sexe, ni ses prénoms (1) ».

On voit donc en résumé que même en présence de l'art. 56, dont les termes ne semblent faire aucune différence entre le père et la mère, même en présence de l'art. 340 qui interdit certainement l'inscription du nom du père, beaucoup d'esprits pensent qu'il est impossible d'admettre que le nom de la mère, toujours connu, ne soit

(1) Devill, 1854, t. I, p. 10.

pas inscrit dans l'acte de naissance de l'enfant naturel. Le jour où le principe de la liberté de la recherche sera inscrit dans nos lois dans la large mesure qu'il comporte, le dernier argument de l'opinion adverse tombera avec l'art. 340, et justice sera rendue à l'enfant.

On ne comprend pas, en effet, que la loi puisse permettre la déclaration d'un enfant avec la mention père et mère inconnus. Ce ne devrait pas être le rôle de l'officier de l'état civil de contribuer à épaissir les ténèbres qui planent en général sur les naissances illégitimes. Il devrait plutôt chercher à les dissiper en recueillant tous les renseignements qui pourront faire découvrir à l'enfant une filiation qu'il a droit de connaître.

On peut comprendre un système qui, une fois sa filiation établie, ne reconnait aucun droit à l'enfant, mais ce qu'on ne peut comprendre, c'est un système qui refuse de faire la lumière sur la naissance. M. Pirmez a fort bien caractérisé un pareil système devant le Parlement de Belgique en disant :

« Il porte atteinte au grand principe de la responsabilité personnelle.

« Il blesse la justice parce qu'il préfère la mère, qui a commis une faute, à l'enfant qui n'en a pas commis ; il fait plus, il autorise la méconnaissance d'un devoir en sacrifiant un droit. Il tend à changer les enfants naturels en enfants abandonnés. Il ôte un frein au relâchement des mœurs en couvrant les conséquences des fautes. Il permet même à une mère de se marier sans que sa maternité antérieure soit connue. » (1).

(1) *Annales parlement.*, 1860, p. 825.

Rien n'est plus facile pour l'officier de l'état-civil que de savoir exactement le nom de la mère. Objectera-t-on que la femme peut faire une fausse déclaration, et faire ainsi retomber sa faute sur une femme parfaitement innocente, mais à qui il pourra être difficile de se disculper, après un certain temps ? Cet argument aurait de la valeur dans le système actuel, où l'officier de l'état civil se contente d'inscrire les déclarations qui lui sont faites sans les vérifier, mais il serait facile de remédier à cet inconvénient.

Ce que nous proposons, en effet, c'est la suppression de la reconnaissance telle qu'elle est organisée actuellement, et son remplacement par une reconnaissance forcée résultant de l'acte même de naissance.

Ce document prenant une pareille importance, on ne saurait prendre trop de précautions pour que les inscriptions qui y seraient contenues soient conformes à la vérité.

Un emprunt au système adopté par le groupe germanique donnerait toute sécurité à cet égard. Nous voulons parler de la nomination d'un tuteur légal à l'enfant naturel dès sa naissance. Le juge de paix, dont on parle souvent d'étendre les attributions, semblerait tout indiqué pour cette délicate fonction. Ce tuteur serait chargé, en premier lieu, de vérifier l'identité de la mère. Ayant celle-ci sous la main, sa tâche serait facile, surtout avec les moyens que la justice pourrait mettre à sa disposition.

Une fois cette vérification faite, le nom de la mère serait inscrit dans l'acte de naissance et la filiation établie par rapport à elle.

Ce n'est là en somme que ce que décide actuellement la

jurisprudence, puisque, dans son système, l'acte de naissance où la mère est nommée prouve l'accouchement de celle-ci, l'enfant n'a plus dès lors qu'à établir son identité avec l'enfant accouché, identité qui n'est presque jamais niée (1).

La seule différence entre les deux systèmes consisterait en ce que la mère ne pourrait plus céler son identité, ce qui aurait pour avantage de simplifier singulièrement la recherche par rapport à elle. Rappelons d'autre part que tous les codes étrangers, qui admettent le principe de la libre recherche, ont adopté cette solution (Suisse, loi fédér. 1874; Hollande, art. 32; Prusse, art. 481 et suiv.; Autriche).

Reste à organiser la recherche de la paternité.

II. — Recherche de la Paternité

Cette recherche peut revêtir des formes un peu différentes, suivant qu'elle est instituée pour sauvegarder l'intérêt des communes, celui de la mère, ou uniquement celui de l'enfant.

Intérêt des Communes.

La mère étant généralement pauvre, l'enfant naturel tombe à la charge de la commune où celle-ci a son domicile. Cette commune a donc intérêt à ce que le père soit

(1) Cass. 23 novembre 1868 (S. 1869, I. 5). *Rouen* 7 juillet 1871 (S. 1873, II. 142). *Douai*, 29 janv. 1879 (S. 1879, II. 195). *Toulouse*, 2 fév. 1884 (S. 1885, II. 56).

connu, d'abord parce qu'il sera chargé de l'entretien de l'enfant, si ses moyens lui permettent d'y subvenir, ensuite parce que même dans le cas contraire, c'est la commune du père qui devient responsable. Cet intérêt communal s'est traduit dans quelques lois par l'ingérence des administrateurs de la commune dans l'action en recherche de paternité. Nous avons vu l'application de cette idée dans l'ancienne jurisprudence du Parlement de Bretagne, en Angleterre et dans les cantons suisses de Berne et d'Argovie.

Intérêt de la Mère

L'intérêt de la mère à ce que le père de son enfant soit connu n'a pas besoin d'explication. La législation suisse, en abandonnant l'action en recherche aux mains de la mère, semble n'avoir vu que cet intérêt. Un pareil système a de graves inconvénients. Il subordonne l'intérêt de l'enfant à celui de la mère qui peut désirer ne pas attirer l'attention sur sa grossesse, malgré toute l'utilité qu'une action pourrait avoir. La faute de la femme n'est pas faite pour inspirer en elle une confiance sans limite. En pareille matière les chantages et les basses compromissions sont trop à craindre pour que le législateur s'en désintéresse. Le droit de l'enfant à voir sa filiation établie est assez fort pour que toutes les autres considérations s'effacent devant lui.

Le nom du père est nécessaire pour que l'acte de naissance soit en règle. Ce nom, une personne le sait, la loi doit la forcer à le dire, et cela, dès l'accouchement.

Il faut, en effet, que l'action soit intentée dans le plus bref délai possible, si on veut empêcher de disparaitre les coupables et les témoins. Le court espace de temps accordé pour introduire l'instance est nuisible dans une législation qui, comme la législation Suisse, n'exige pas que cette instance soit introduite. Il n'a que des avantages dans le système inverse.

La deuxième fonction du tuteur légal, que nous proposons de donner à l'enfant, sera donc d'exiger de la mère le nom de son amant. La plupart des Codes européens, non seulement ne forcent pas la mère à dire ce nom, mais encore semblent craindre cette déclaration. C'est ainsi que l'art. 376 du Code italien dit : « S'il s'agit d'une naissance illégitime, la déclaration ne peut énoncer les noms, prénoms, profession et domicile de l'auteur ou des auteurs, que s'ils le déclarent eux-mêmes ». Le Code espagnol qui, cependant, est beaucoup plus libéral pour la recherche de paternité, est encore plus précis. On lit dans l'art. 132 : « Lorsque le père ou la mère reconnaissent l'enfant par acte séparé, il ne peut révéler le nom de la personne avec laquelle il l'a eu, ni indiquer aucune circonstance permettant de la reconnaitre ». Faut-il adhérer à de semblables dispositions et suivre l'opinion de M. Levé, traducteur du Code espagnol, qui les approuve en pensant que « la reconnaissance d'un enfant naturel est l'aveu d'une faute et que dès lors, elle doit émaner uniquement du coupable » ? Il y a là une singulière conception juridique, et nous pensons que les coupables seraient seuls à l'apprécier à sa juste valeur si elle venait à être étendue. Si le système pénal idéal est celui qui procure le moins de condamnations, le principe donné par M. Levé devrait être écrit en tête de tous les Codes.

Les Codes étrangers ne sont pas cependant unanimes sur la question qui nous occupe.

A Schwitz, si la femme refuse de dire le nom de son séducteur elle peut être punie de dix jours d'arrêts.

Le Code de Tenessée de 1884 décide, dans l'art. 6212, que lorsqu'il est instruit d'un accouchement, le juge de paix doit faire venir la mère pour l'interroger, et que celle-ci doit, sous peine de contrainte par corps, déclarer le père sous la foi du serment.

Nous croyons que ces deux législations ont entrevu les vrais principes.

Etant admis ce point, il peut se présenter deux cas.

La mère peut d'abord refuser de donner le nom qu'on lui demande. Il semble qu'elle tombe alors naturellement sous le coup de l'art. 345 du Code Pénal, qui punit de la réclusion « les coupables d'enlèvement, de recel ou de suppression d'un enfant ». On sait, en effet, que d'après la Cour de Cassation, le but principal de cet article est de protéger l'enfant contre la destruction de son état civil. Il y a évidemment destruction de l'état civil, par la mère, lorsque, par son refus, elle rend incomplet l'acte de naissance qui en est la première pièce.

L'acte de naissance de l'enfant naturel ne doit différer de celui de l'enfant légitime, qu'en ce qu'il ne porte pas la mention que la mère est la femme légitime du père.

Objectera-t-on que la femme peut ne pas savoir le nom de son amant? Nous répondrons qu'elle doit le savoir, et que si la loi n'a pas à se préoccuper des liaisons plus que passagères qui peuvent exister lorsqu'aucun intérêt n'est lésé, elle ne peut pas les reconnaître et surtout les encourager.

La prostitution a toujours passé pour un fléau, nous ne croyons pas qu'elle résisterait à la mesure que nous proposons.

Si la mère, au contraire, livre le nom de son amant, celui-ci pourra avouer ou nier sa paternité.

S'il l'avoue, le juge de paix fera dresser l'acte de naissance de l'enfant dont la filiation sera inattaquable.

S'il la nie, au contraire, le tuteur légal de l'enfant lui intentera une action qui aura pour but d'établir la fréquentation avec la mère pendant le temps de la conception.

Il est évident, en effet, que le père de l'enfant se trouve parmi ceux qui peuvent être convaincus de cette fréquentation.

Pour que la preuve de la paternité fût complète, il faudrait prouver que le prévenu est le seul qui ait fréquenté la femme. Cette conséquence n'a pas été sans frapper les législateurs. Les uns ont considéré cette dernière preuve comme matériellement impossible, et ils ont prohibé la recherche. Les autres ont voulu l'exiger. Deux systèmes se présentent à cet égard.

Le premier, qui est le plus conforme aux principes, met cette preuve à la charge de celui qui intente l'action. Ce système n'a qu'un défaut, rendre la recherche de paternité presqu'impossible, si du moins on le suit rigoureusement. Il n'est plus appliqué de nos jours, mais le fut pendant de longues années par les Rotes Romaines et

Toscanes jusqu'à l'apparition du Code italien de 1865. On devait prouver la *custodia del ventre*, c'est-à-dire l'impossibilité notoire pour la mère d'avoir pu connaitre d'autres hommes que le père présumé pendant le temps de la conception. Les arguments auxquels on avait recours consistaient principalement dans la cohabitation *more uxorio*, dans la surveillance jalouse de l'amant, dans la conduite honnête et réservée de la femme et parfois dans sa condition sociale. La condition noble de la mère suffisait à la Rote Romaine pour décider qu'il était impossible qu'elle eût plus d'un amant.

On retrouve des traces de la faveur attachée à la *custodia del ventre* dans la position favorable faite encore aujourd'hui par quelques Codes à l'enfant né d'une concubine entretenue dans le domicile du père. C'est ainsi que, dans ce cas, le Code de Honduras, qui date seulement de 1880, établit en faveur de l'enfant, une présomption légale de paternité.

Le second système met au contraire la preuve de la fréquentation d'autres hommes à la charge du défendeur. Moins logique que le précédent, ce système peut cependant trouver sa défense dans cette idée que l'homme qui a une maitresse dont il ne peut pas prouver l'immoralité, a dû se considérer comme son amant unique, et que, par suite, il est seul responsable des conséquences. De plus, il est le seul pratique.

Quelque soit d'ailleurs le système qu'on adopte, il est évident que la preuve faite de la fréquentation d'autres hommes pendant le temps de la conception rend presque sans valeur la preuve de la fréquentation du défendeur, et qu'il est impossible de déclarer celui-ci père de l'enfant.

Cette solution est cependant loin d'être admise partout. Nous avons vu les Codes étrangers, et même notre ancien Droit, adopter deux autres systèmes.

Le premier consiste à condamner solidairement tous les hommes convaincus de cohabitation (Ancien Droit français, Bavière, Saxe, Uri, Bâle-Campagne).

Le second, qui n'est qu'une atténuation du premier, condamne le défendeur seul malgré l'exception invoquée (Autriche, Grand Duché de Bade. Ancien Droit français).

On s'est élevé avec force contre de pareilles décisions. Nous croyons cependant qu'elles sont loin d'être inexplicables.

Sous le nom d'action en recherche de paternité on confond en général deux actions, qui, si elles ont un point de départ commun, la naissance de l'enfant, diffèrent complètement par le but vers lequel elles tendent.

L'une de ces actions, qui, seule, devait porter le nom d'action en recherche, est intentée par l'enfant ou ses représentants, et a pour but unique de faire déclarer l'individu père de l'enfant.

La seconde action, au contraire, n'est qu'une action en dommages et intérêts. Elle a pour but de faire participer à l'entretien de l'enfant ceux qu'on peut raisonnablement soupçonner d'avoir participé à sa naissance.

Ces deux actions existent parfois, devraient peut-être même toujours exister, parallèlement l'une à l'autre, mais en général l'action est unique.

Accorder seulement à l'enfant la deuxième action, revient à dire qu'on suspecte toujours les preuves qu'il peut apporter de sa filiation paternelle, et à reconnaître que si ces preuves ne sont pas suffisantes pour accorder à l'enfant le titre d'enfant naturel reconnu légalement avec les droits que la loi peut attacher à cette qualité, elles le sont cependant pour motiver une action en dommages et intérêts.

Si l'on va au fond des choses et qu'on ne se contente pas de mots, on reconnait que les législations qui ont adopté les deux systèmes dont nous venons de parler, n'ont jamais eu en vue que cette seconde action. C'est ainsi que aucune d'elles n'a jamais accordé à l'enfant qui triomphait dans son instance, aucun droit sur la succession des hommes condamnés.

Selon nous, les deux actions devraient exister parallèlement l'une à l'autre. Si on ne peut forcer un des individus convaincus de fréquentation avec la mère à donner son nom à l'enfant, puisqu'il est matériellement impossible de dire qui en est le père, il ne s'ensuit pas nécessairement que le défendeur et les autres amants de la mère soient déchargés de toute responsabilité, au moins pécuniaire. Ils ont pu contribuer à la conception de l'enfant. Cela suffit.

Il y a, en effet, deux sortes d'enfants naturels, comme il y a deux classes de femmes coupables. C'est une suprême injustice envers la femme que de décider qu'une première faute en entraîne toujours une seconde, et que toutes les filles-mères sont des courtisanes. Les Romains avaient déjà établi cette distinction, lorsqu'ils refusaient de confondre les enfants *ex concubinatu nati* avec les *vulgo quæsiti*. On doit donner à l'enfant à qui la mère pourra dire : cet homme est ton père, parce qu'il a été mon

mon seul amant, une véritable action en recherche de paternité avec toutes les conséquences attachées par la loi à la filiation établie. Mais on ne doit pas abandonner les autres enfants, ils sont déjà assez malheureux de ce que les fautes de leur mère en font des déclassés. On doit leur permettre de réclamer une pension alimentaire à ceux dont ils peuvent être les fils. Tous les amants de la mère seront tenus solidairement de cette pension, et cela par une action qui serait incompréhensible si on la traitait d'action en recherche, mais qui devient juste en tant qu'action en dommages et intérêts.

Il est à remarquer que le système qui condamne le défendeur seul à payer des dommages et intérêts, lorsque le fait qu'il n'a pas été le seul amant de la mère est prouvé, manque de logique. Les législateurs se sont laissés entraîner par le nom porté par l'action et n'ont pas voulu avoir l'air de donner plusieurs pères à l'enfant.

Nous résumons dans ces grandes lignes le système que nous proposons :

1° L'acte de naissance établit la preuve de la filiation naturelle.

2° Le juge de paix du lieu où l'accouchement s'est produit est nommé tuteur légal de l'enfant et est chargé de provoquer l'inscription, dans l'acte de naissance du nom des parents.

3° Il doit de plus intenter une action en recherche contre l'homme désigné par la femme. Celle-ci est tenue de faire cette désignation.

4° L'amant désigné peut échapper à la condamnation en prouvant qu'il n'a jamais connu la mère (celle-ci retombe alors sous le coup de l'art. 345 du Code Pénal qui lui est également appliqué dans le cas de refus de désignation), ou qu'il n'a pas été seul à la connaître. Dans ce dernier cas, l'action en recherche échoue, mais tous les amants de la mère sont tenus à une pension alimentaire en faveur de l'enfant.

Un pareil système qui rendrait presqu'impossible de céler une naissance illégitime, peut faire craindre que les parents ne fassent tous leurs efforts pour faire disparaître l'enfant, soit avant, soit après la conception.

Il ne serait peut-être pas inutile, à cet égard, de rétablir la déclaration de grossesse, qui a toujours eu pour but de rendre plus difficiles les avortements et les infanticides.

La déclaration de grossesse ne serait d'ailleurs pas nouvelle dans nos lois. On trouve un édit de Henri II (février 1556), établissant les registres de grossesse. Une déclaration de Louis XIV, du 25 février 1708, publiée au Parlement de Flandre le 30 juin 1708, ordonna que l'édit de Henri II fût appliqué dans sa forme et sa teneur.

De nos jours, la déclaration de grossesse est en usage dans toute la Suisse.

Il est assez curieux de remarquer, à cet égard, que le Code Pénal belge de 1860 punit moins l'infanticide, quand il s'agit d'un enfant naturel, que quand il s'agit d'un enfant légitime.

Voici la disposition de l'art. 396.

« L'infanticide sera puni, suivant les circonstances, comme meurtre ou comme assassinat.

« Toutefois, la mère qui aura commis ce meurtre sur son enfant illégitime, sera punie des travaux forcés de 10 à 15 ans. Si elle a commis ce crime avec préméditation, elle sera punie des travaux forcés de 15 à 20 ans. »

Il y a là une véritable prime d'encouragement au meurtre. Les enfants naturels semblent gêner le législateur belge. Si elle obtient le bénéfice des circonstances atténuantes, la femme qui aura tué son enfant en sera quitte pour quelques années d'emprisonnement. Cette disposition se passe de commentaires.

Le système que nous avons exposé se trouve en défaut lorsque, par suite de circonstances particulières, il a été impossible au juge de paix, tuteur légal de l'enfant naturel, de recueillir les noms des père et mère pour les inscrire dans l'acte de naissance.

La mère peut refuser de donner le nom de son séducteur, ou bien l'homme que la femme a désigné triomphe dans l'action qui lui est intentée en prouvant son innocence. La mère, elle-même, est inconnue lorsqu'elle arrive à dissimuler sa grossesse et abandonne son enfant.

Faut-il donc dire que dans tous ces cas l'enfant ne pourra jamais établir sa filiation, même si ses parents, pris de remords, viennent à le reconnaître? Nous ne le pensons pas, et ici nous nous rallions aux systèmes de libre recherche et nous admettons que si dans l'intérêt de la justice, la loi doit prendre la direction de l'action en recherche, lorsque l'enfant est trop jeune pour pouvoir le faire lui-même, le droit de l'enfant à établir sa filiation n'en reste pas moins entier. A défaut d'aveu de ses parents, l'enfant pourra prouver la paternité et la maternité, en établissant d'une part, que la femme poursuivie par lui a accouché d'un enfant avec lequel il aura à établir son identité, et d'autre part que l'homme, dont il se prétend l'enfant, a fréquenté la mère pendant le temps de la conception. Et en cela, tous les moyens de preuve seront admis. La reconnaissance ne disparaît pas dans notre système, mais elle a pour simple effet de rendre inutile l'action en recherche.

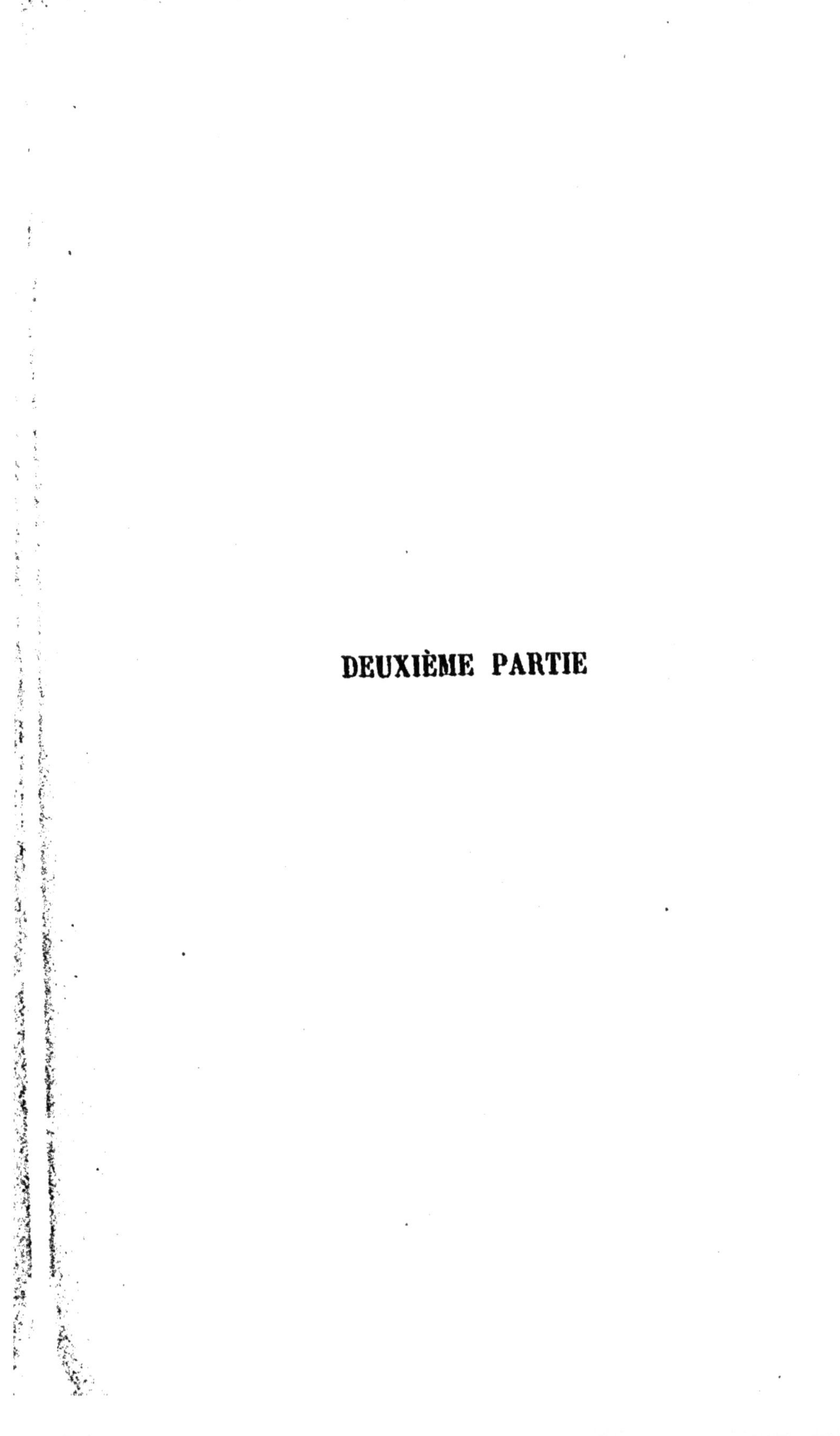

DEUXIÈME PARTIE

DEUXIÈME PARTIE

DROIT SUCCESSORAL DES ENFANTS NATURELS

EN POSSESSION LÉGALE DE LEUR FILIATION

Proposition de Loi votée au Sénat, le 27 juin 1895.

A l'étude de la recherche de la filiation naturelle se lie intimement, nous l'avons déjà fait observer, l'étude des droits que cette filiation, une fois établie, fait naitre au profit de l'enfant.

Le plus important de ces droits est le droit successoral. C'est le seul dont nous nous occuperons.

Nous avons dit d'autre part que plus la loi rend la filiation facile à établir, moins elle reconnait d'effets à cette filiation.

Il n'en existe pas d'exemple plus frappant que la législation intermédiaire en notre matière.

Avant la Révolution, les enfants naturels pouvaient rechercher librement leur filiation, mais dans le seul but d'obtenir des aliments.

Les législateurs de la Convention voulurent changer cette situation qu'ils trouvaient trop dure. A les entendre, ils étaient animés des meilleures dispositions. Il fallait faire cesser, disaient-ils, un état de choses qui n'avait que trop duré, un peuple égalitaire ne pouvait laisser tant d'innocents hors la loi. Comment ces promesses furent-elles tenues?

La loi du 11 brumaire an II égala bien, du premier coup, les enfants naturels aux enfants légitimes au point de vue du droit successoral. Mais la même loi contenait le germe du principe qui devait empêcher ces enfants d'établir une filiation qui leur assurait de tels avantages. On ne leur donnait des droits que pour leur faire mieux sentir le regret de ne pas pouvoir les faire valoir.

L'ancien Droit n'accordait aux enfants qu'une pension alimentaire, mais cette pension, ils étaient sûrs de l'obtenir, et avec elle de ne pas mourir de faim. Le droit intermédiaire les laissait, au contraire, à l'entière discrétion de leurs parents.

Il résulte de tout cela que les partisans de la réforme de l'article 340 doivent voir avec crainte le vote d'une loi qui augmente la quotité du droit successoral des enfants naturels.

On n'apportera certes pas de nouvelles rigueurs à la recherche de la filiation, mais la véritable solution de la question semble indéfiniment ajournée.

Ces considérations générales posées, nous allons entrer dans l'étude du droit successoral accordé aux enfants naturels par le Code Civil. Nous verrons ensuite quelles modifications y a introduites la loi votée par le Sénat le 27 juin 1895.

I. — Code civil.

Nous supposons la filiation de l'enfant légalement constatée. Dans ce cas, les rédacteurs du Code ont voulu garder un juste milieu entre la loi de brumaire et l'ancien Droit. Si, selon eux, il était juste de reconnaître à l'enfant naturel un droit de succession, on ne devait pas égaler cependant ce droit à celui de l'enfant légitime. Un pareil résultat parut immoral. Aussi, le législateur, craignant que l'affection des parents pour l'enfant naturel, affection dont la reconnaissance volontaire, presque toujours nécessaire, était une première preuve, ne les entraînât à lui laisser le maximum fixé par la loi, abaissa ce maximum.

Dans ses grandes lignes, le système du Code est le suivant :

L'enfant naturel, dont la filiation est établie légalement, a un droit dans la succession de ses parents, même en présence des héritiers légitimes les plus favorisés, mais il ne prime aucun héritier légitime. La quotité du droit varie suivant la qualité des héritiers avec qui il vient en concours. L'article 757 règle cette question de quotité : « Si le père ou la mère a laissé des descendants légitimes, le droit est d'un tiers de la portion héréditaire que l'enfant naturel aurait eue s'il eût été légitime ; il est de la moitié, lorsque les père ou mère ne laissent pas de descendants, mais bien des ascendants, ou des frères ou sœurs ; il est des trois quarts, lorsque les père ou mère ne laissent ni ascendants, ni descendants, ni frères, ni sœurs. »

D'autre part, si la loi avait voulu, nous l'avons déjà

dit, suivre la règle ordinaire des successions, et la régler d'après l'affection présumée du défunt, elle aurait certainement laissé subsister l'égalité établie par la loi de brumaire entre les enfants naturels et les enfants légitimes. Les parents, libres de tester, auraient toujours pu priver l'enfant naturel de la quotité disponible.

La limitation du droit ayant été établie, au contraire, au profit de la famille légitime, et en crainte de l'affection des parents, le législateur devait, pour être logique avec lui-même, empêcher les dispositions entre vifs ou testamentaires qui auraient pu venir déranger son système. C'est ce qu'il a fait dans les articles 908 et 760.

D'après l'article 908 « les enfants naturels ne pourront, par donations entre vifs ou par testament, rien recevoir au delà de ce qui leur est accordé au titre des successions. »

Les libéralités visées par l'article 908 ne sont pas seulement réductibles, mais encore nulles, et leur nullité peut, d'après la jurisprudence, être demandée par toute personne intéressée, même par un légataire qui craindrait de voir son legs réduit.

L'article 760, d'autre part, organise l'imputation : « L'enfant naturel ou ses descendants sont tenus d'imputer sur ce qu'ils ont droit de prétendre tout ce qu'ils ont reçu du père ou de la mère dont la succession est ouverte et qui serait sujet à rapport. »

On sait que la principale différence qui existe entre cette imputation et le rapport est que la volonté du testateur peut dispenser du dernier, mais jamais de la première.

Le législateur n'avait pas le même intérêt à interdire aux parents de réduire la portion accordée aux enfants naturels. Aussi, l'article 761 déclare-t-il que l'enfant, qui aura reçu, à titre de donation entre vifs, la moitié de sa portion héréditaire, n'aura plus rien à prétendre, pourvu que la volonté de ses parents de le réduire à cette portion congrue fût nettement exprimée.

CHAPITRE PREMIER

SYSTÈME DE LA LOI NOUVELLE

La proposition de loi votée par le Sénat, le 27 juin 1895, est due à l'initiative de trois députés, MM. Letellier, Jullien et Rivet, et avait été votée à la Chambre le 21 juillet 1893 sans aucun débat. Elle a fait, au contraire, au Sénat, l'objet d'une discussion approfondie.

Le texte, les principes même, ont subi, en passant de la Chambre au Sénat, des modifications que nous serons obligés d'indiquer, aucun texte n'ayant encore recueilli l'approbation nécessaire des deux Chambres.

La loi nouvelle laisse subsister le grand principe du Code. Quoiqu'elle soit faite dans le but d'améliorer la situation des enfants naturels, ceux-ci restent dans une position inférieure à celle des enfants légitimes, et cela dans l'intérêt de la famille légitime. Cet intérêt a été invoqué, en effet, très souvent, dans la discussion. Nous aurons à voir, cependant, si le législateur ne l'a pas oublié au moins une fois.

La première réforme introduite concerne la quotité du droit de l'enfant.

En présence de descendants légitimes, l'enfant naturel, au lieu du tiers que lui accordait le Code, prend la moitié de ce qu'il aurait eu s'il eût été légitime.

En présence d'ascendants, ou de frères et sœurs, *ou descendants d'eux*, au lieu de la moitié l'enfant prend les trois quarts de la succession.

Sur ces deux derniers points la Chambre et le Sénat sont en complet désaccord.

La Chambre ne voulait voir dans le droit de succession des ascendants qu'un droit alimentaire destiné à remplacer l'obligation alimentaire qui existe au profit des ascendants sur les biens de leurs petits enfants légitimes, et qui ne saurait lier l'enfant naturel qui n'entre pas plus aujourd'hui qu'autrefois dans la famille de ses parents. Elle traduisait le caractère alimentaire de ce droit en le limitant à un usufruit de la moitié de la succession.

Quant aux frères et sœurs, la Chambre était encore plus radicale à leur égard. Elle refusait de leur reconnaitre tout droit en présence d'enfants naturels.

Si le défunt ne laisse ni enfants légitimes, ni frères ou sœurs, ni ascendants, la Chambre et le Sénat sont d'accord pour préférer l'enfant naturel à tous les autres parents légitimes. Ainsi donc, tandis que sous l'empire du Code l'enfant naturel n'excluait jamais aucun héritier légitime, d'après la loi nouvelle il vient en concours avec les trois classes d'héritiers les plus favorisés et prime tous les autres. Il y a là plus qu'un changement de quotité, c'est une première atteinte au principe qui avait guidé les rédacteurs du Code, le principe de sauvegarde des droits de la famille légitime.

Ce principe a reçu une nouvelle atteinte beaucoup plus grave dans l'abrogation complète de l'art. 760, et dans celle presque complète de l'art. 908.

L'abrogation de l'art. 760 est résultée directement de ce que la loi nouvelle fait des enfants naturels de véritables héritiers légitimes avec tous les droits attachés à ce titre. L'imputation devait alors disparaitre pour faire place au rapport. Nous reviendrons sur ce point.

En ce qui concerne l'art. 908, d'après le texte de la Chambre et du Sénat les donations entre vifs restent interdites, mais les dispositions testamentaires sont permises en faveur de l'enfant naturel sous la légère limitation que, dans aucun cas, l'enfant naturel ne pourra prendre plus dans la succession que l'enfant légitime le moins prenant.

Ce nouveau principe n'a pas été admis sans soulever de grosses discussions, les uns demandant le maintien de l'ancien Droit, les autres déclarant que, du moment que l'on permettait les legs, il fallait aussi permettre les donations. Si celles-ci sont en effet plus dangereuses parce qu'elles sont irrévocables, les legs d'autre part ont contre eux leur caractère occulte, et peuvent être arrachés à la libéralité du défunt par des manœuvres de la dernière heure. De plus, ajoutaient les partisans de ce dernier système, le Code interdisait les donations et les legs pour sauvegarder les droits de la famille légitime et pour cela seulement. Permettre les legs, c'est répudier cette idée qui, dès lors, n'existe plus, et ne saurait expliquer la prohibition des donations. Ce système a été développé avec beaucoup de logique par M. Thézard, qui a eu à signaler une autre erreur de la Commission du Sénat, et celle-là impossible à nier.

Nous avons déjà dit que, dans le système du Code, tout

ce qui avait été donné à l'enfant naturel, au delà de la part fixée par l'art. 756, était sujet à un retranchement non pas par voie d'action en réduction, mais par voie d'action en nullité fondée sur une incapacité d'ordre public, action accordée à tous les intéressé Un arrêt de la Cour de Cassation de février 1865 a fixé la jurisprudence en cette matière. Voici comment s'exprime cet arrêt : « Attendu qu'aux termes de l'art. 908 l'enfant ne peut rien recevoir par donation ou testament au delà de ce qui lui est attribué par la loi ; que ces dispositions sont d'ordre public, elles peuvent être invoquées par toute partie y ayant droit et notamment par le légataire universel dont les droits sont déterminés d'après l'état de la famille tel qu'il existe au moment de l'ouverture de la succession » (1). Cet arrêt a tranché une question assez délicate. Il faut supposer qu'un enfant naturel, à qui son auteur a légué plus que la quotité fixée par l'art. 757, vient en concours sur la succession avec des parents légitimes qui, eux-mêmes, sont exclus de la succession par l'institution d'un légataire universel. Si les parents légitimes ne sont pas réservataires, ils n'ont certainement aucune action pour faire réduire l'enfant naturel en vertu de l'art. 908, à la part fixée par la loi, parce que la présence du légataire universel les empêcherait de profiter de la réduction. La difficulté consiste à savoir si le légataire universel peut intenter lui-même cette action. La Cour de Cassation s'est prononcée pour l'affirmative et cela pour deux raisons.

En premier lieu le légataire universel a intérêt à faire

(1) Cass. 7 fév. 1865. (S. 1865, I, 105).

réduire la part de l'enfant naturel par suite de sa vocation à recueillir ce dont le testateur a disposé en faveur d'incapables (1).

En second lieu, l'art. 908 est du nombre des dispositions, qui, tenant aux bonnes mœurs, au respect du mariage et par suite à l'ordre public, peuvent à ce titre être invoquées par quiconque a intérêt à le faire.

Dans la pensée du législateur, il s'agit moins de l'intérêt pécuniaire des parents, quand on réduit la part de l'enfant naturel, que de l'incapacité pour celui-ci de recueillir, en l'état de la famille, une part plus considérable. Il en résulte que ceux de ses parents, non héritiers à réserve, et qui par l'effet des dispositions du défunt sont exclus de la succession, ou bien ceux qui sans en être exclus ne se présentent pas pour y être admis, n'en font pas moins obstacle à ce que la part de l'enfant naturel soit réglée comme si le défunt était sans famille légitime (2).

On peut ajouter que dans le système contraire à celui de la jurisprudence il serait trop facile au testateur d'éluder la disposition de 908, en instituant un légataire universel dans le cas où il n'y a pas de parents réservataires venant à la succession.

Le texte de la Commission du Sénat sanctionnait au

(1) Cass. 24 mai 1837 (S. 1887, I. 107); 3 mars 1857 (S. 1857 I. 182); 7 av. 1863. (S. 1863 I. 172).

(2) Cass. 15 mars 1847 (S. 1847, I. 178); *Lyon*, 23 mars 1853; *Grenoble*, 30 déc. 1838; Cass. 13 janv. 1862. Cadres. *Traité des Enf. nat.*, n° 196. Troplong, *Don. et Test.*, T 2, n° 775; Demolombe, *Succ.*, T. 2, n° 55; Aubry et Rau, T. 5, p. 686; *Contra*, Marié et Vergé, T. 2, p. 273.

contraire la nullité des donations, nullité maintenue, par une addition à l'article 921, dont le texte devenait le suivant :

« La réduction des dispositions entre vifs ne pourra être demandée que par ceux au profit desquels la loi fait la réserve. *Le présent article s'applique aux dispositions faites par acte entre vifs ou testamentaire aux enfants naturels par leur père ou par leur mère* ».

Il résultait directement de là que l'action en nullité, instituée par le Code, devenait une action en réduction et qu'elle ne pouvait être intentée que par les héritiers réservataires, c'est-à-dire les descendants et les ascendants. Les frères et sœurs, dont le Sénat admettait encore le concours avec les enfants naturels, étaient privés de toute action. De plus, l'art. 921 se référant à l'art. 920, qui vise seulement les dispositions excédant la quotité disponible, l'action en réduction établie par la nouvelle loi ne se référait également qu'à ces dispositions, et non à celles excédant la portion fixée par les nouveaux articles 756 et 757.

On voit qu'en somme l'art. 908 était entièrement dépourvu de sanction.

M. Dauphin, rapporteur de la loi, comprit la force de cette objection, et promit d'y remédier entre la première et la deuxième lecture. C'est alors que M. Trarieux, Garde des Sceaux, intervint dans la discussion. M. Dauphin en effet laissait sous-entendre que la solution de la Commission serait de permettre aux frères et sœurs d'intenter l'action en réduction. M. le Garde des Sceaux protestait contre cette idée, et faisait remarquer que le Sénat, tout en reconnaissant le droit des frères et sœurs, avait voulu réserver aux parents la faculté de les en priver, qu'adopter l'avis de la Commission serait faire des frères et sœurs de véritables héritiers réservataires.

A la deuxième lecture le texte de l'art. 908 revint modifié ainsi qu'il suit :

« Les enfants naturels légalement reconnus ne pourront rien recevoir par donation entre vifs au delà de ce qui leur est accordé au titre des successions. Cette incapacité ne pourra être invoquée que par les descendants du donateur, par ses ascendants, par ses frères et sœurs et par les descendants légitimes de ses frères et sœurs.

Le père ou la mère qui les ont reconnus, pourront leur léguer tout ou partie de la quotité disponible, sans toutefois qu'en aucun cas, lorsqu'ils se trouvent en concours avec des descendants légitimes, un enfant naturel puisse recevoir plus qu'une part d'enfant légitime le moins prenant ».

De ce texte qui fut voté, il semble résulter que l'action qui sanctionne la prohibition maintenue de 908, est comme autrefois une action en nullité ; seulement, au lieu de pouvoir être intentée, comme le décidait la jurisprudence, par toute personne intéressée, elle ne peut plus l'être que par des personnes limitativement déterminées. La nullité a perdu son caractère d'utilité publique.

L'addition à l'art. 921 ayant en même temps disparu, l'objection relative à la création d'un droit de réserve pour les frères et sœurs tombe avec elle. Ceux-ci ne peuvent faire réduire que les donations entre vifs.

Telle est, dans ses grandes lignes, le système de la proposition de loi votée par le Sénat.

Nous allons passer à l'examen de quelques questions controversées par suite du silence ou de l'ambiguïté des termes du Code.

Nous aurons à examiner dans quel sens la loi nouvelle les a résolues.

CHAPITRE II

DE QUELQUES QUESTIONS CONTROVERSÉES

SOUS L'EMPIRE DU CODE CIVIL

§ I. — *Caractère du Droit successoral de l'Enfant naturel*

Le projet primitif du Code Civil, présenté par la Commission du gouvernement, le 24 thermidor an VIII, n'accordait aux enfants naturels reconnus qu'un droit de créance sur la succession de leurs parents. L'art. 54 du titre des successions était ainsi conçu : « L'enfant naturel qui n'a point de parenté civile résultant du mariage *n'est point héritier*. La portion, que la loi lui accorde sur les biens de ses père et mère, n'est qu'une créance fondée sur l'obligation naturelle qu'ils ont contractée envers lui ».

L'art. 60, développant ce principe, décidait que l'héritier légitime « devait offrir la portion de l'enfant naturel en argent ou en fonds, l'option appartenant à l'héritier légitime » (1).

Au Conseil d'Etat, ce projet fut considéré comme trop rigoureux, et Cambacérès, avant toute discussion, demanda qu'on se contentât d'indiquer « que les enfants naturels

(1) Fenet, t. II, p. 133.

n'avaient pas les droits d'enfants légitimes », et l'art. 60, devenu art. 42, se transforma :

« Les enfants naturels n'ont qu'une créance sur les biens de leur père ou mère décédés », dit la nouvelle rédaction.

Pendant la discussion, Cambacérès exprima le désir qu'on supprimât le mot créance. L'art. 42 fut voté avec cet amendement et devint l'art. 756 du Code Civil sous sa forme actuelle.

« Les enfants naturels ne sont point héritiers; la loi ne leur accorde que des droits..... »

Cette rédaction dit bien ce que les enfants naturels ne sont pas; mais en se contentant de dire qu'ils ont des *droits* sur la succession de leurs parents, sans en préciser la nature, la loi laisse libre carrière à la controverse.

Aussi, malgré la discussion du Conseil d'État, certains auteurs n'ont-ils voulu voir dans l'enfant naturel qu'un créancier, quelques-uns accordant à la créance un caractère mixte.

Cette doctrine est aujourd'hui abandonnée. Le Code, en qualifiant l'enfant naturel de sucesseur irrégulier, en a fait plus qu'un créancier. S'il n'est pas héritier, il est *loco heredis* (1).

Le législateur, par cette déclaration que les enfants naturels ne sont point héritiers, a voulu établir qu'on ne pouvait leur faire l'application de la fiction d'après laquelle

(1) Demolombe. *Success.*, t. II, p. 31; Merlin. *Répert.*, v. Bâtard; Delvincourt, t. II, p. 21; Toullier, t. II; Duranton, t. VI, n° 269; Demante, t. III, n° 74; Aubry et Rau, t. IV, n° 514; Laurent, t. VII; Baudry, t. II, p. 68.

l'héritier est censé continuer la personne du défunt, qu'ils n'avaient pas, en un mot, la saisine légale. De cette absence de saisine on conclut, en général, que l'enfant naturel est tenu des dettes de la succession seulement *intra vires*, et qu'il est obligé de demander la mise en possession aux héritiers légitimes. Pour tout le reste, il est complètement assimilé à l'héritier légitime.

D'après la nouvelle loi, il n'y a plus d'ambiguïté possible, l'assimilation est complète. Cela résulte du préambule de l'art. 1er ainsi rédigé : « Il est créé au chapitre III du titre I du livre III du Code Civil une section VI avec le titre : « *Des successions déférées aux enfants naturels légalement reconnus* ».

Plus loin, le nouvel art. 756 s'exprime ainsi : « Les enfants naturels légalement reconnus sont appelés en qualité d'*héritiers* à la succession..... »

D'autre part, on lit dans le rapport de M. Jullien : « Comme les auteurs de la proposition, votre Commission a pensé qu'il convenait de supprimer toutes les équivoques et de faire de l'enfant naturel un héritier avec tous les avantages qui sont attachés à ce titre » (1).

Enfin, M. Grivart, lors de la seconde délibération au Sénat, a prononcé les paroles suivantes, qui n'ont soulevé aucune objection : « Sous l'empire de la loi nouvelle..... l'enfant naturel aura droit à toutes les prérogatives d'un héritier légitime, bénéficiant de la saisine au même titre que les autres héritiers » (2).

Il n'y a donc aucun doute possible sur les intentions

(1) Rapport de M. Jullien, p. 52.
(2) Sénat, séance du 21 juin 1895. *Journal officiel*, p. 658.

de la Chambre et du Sénat. L'enfant naturel a tous les droits d'un héritier légitime.

§ II. — *Représentation au profit des Descendants de frères et sœurs*

L'art. 757 du Code Civil accorde la moitié de la succession aux frères et sœurs du défunt, venant en concours avec un enfant naturel de celui-ci, mais il ne parle pas des descendants des frères et sœurs. La question qui se pose est alors la suivante : Doit-on assimiler les descendants de frères et sœurs à leurs parents en se rappelant qu'ils jouissent en général du bénéfice de la représentation ? Doit-on, au contraire, les considérer comme des collatéraux ordinaires, et leur accorder seulement le quart de la succession ?

C'est cette dernière solution qui a triomphé en doctrine et en jurisprudence (1). Voici sur quelles considérations la Cour de Cassation s'appuie : « La disposition de l'art. 757 du Code Civil qui accorde à l'enfant naturel un droit aux trois quarts de la succession, s'applique au cas où le défunt a laissé des descendants de frères ou sœurs ; on objecterait vainement que ses descendants représentent des frères et sœurs dont la présence eût réduit la portion de l'enfant naturel à une moitié de ce qu'il aurait eu en qualité d'en-

(1) Grenier, *des Donations*, t. II, n° 667; Favard, *Manuel pour le partage des successions*, p. 134; Cass. 28 mars 1833 (S. 1833, 1, 284); 2 mai 1888 (S. 1888, 1. 217). Baudry II, p. 70. — *Contra* Chabot, t. II, p. 164; Malleville, t. II, 237; Delvincourt, t. II, p. 21 ; Duranton, *Suc.* 757; Toullier, t. IV, n° 233; Demolombe, t. II, p. 110.

fant légitime, le bénéfice de la représentation ne s'étendant pas aux successions irrégulières ».

La loi nouvelle a un peu changé la situation en décidant que la qualité du droit de l'enfant naturel est identique à celle du droit d'un héritier légitime. Il ne saurait plus être question, sous l'empire de cette loi, de successions irrégulières. Le principe de la représentation reprend donc toute sa force. Le Sénat s'est laissé entraîner par cette considération, et a décidé dans le nouvel art. 759 que le droit des descendants de frères et sœurs serait identique à celui de leurs parents. Quoique ce système ne manque pas de logique, il n'a pas été adopté sans discussion.

C'est qu'en effet il est une chose qui n'a pas changé, c'est le degré de parenté qui existe entre le descendant de frères et sœurs et le défunt. Rien ne peut empêcher le petit-fils d'un frère ou d'une sœur du défunt d'être seulement le collatéral de celui-ci au quatrième degré. Or, cette question de degré paraît avoir une importance capitale dans le partage de la succession entre les parents légitimes et l'enfant naturel.

On dit, il est vrai, que les descendants de frères et sœurs remplacent leurs parents dans l'affection du défunt. Qu'on s'en remette alors aux dispositions testamentaires de celui-ci. . . .

La loi elle-même, par la limitation du droit de l'enfant naturel, a reconnu ne tenir aucun compte de l'affection présumée du défunt. Le raisonnement du Sénat manque donc de suite. Il est probable d'ailleurs qu'il n'a été adopté que parce que l'assimilation aux collatéraux ordinaires serait revenue, dans le système de la loi nouvelle, à priver les descendants de frères et sœurs, de tout droit successoral en présence d'enfants naturels.

§ III. — *Réserve des Enfants naturels.*

Non seulement le droit de l'enfant naturel reconnu est assimilé à celui d'un héritier légitime, mais encore cet enfant a une réserve. Cela résulte de l'art. 4 de la loi nouvelle.

« Art. 4. — Il est ajouté à l'art. 913 du Code Civil, un paragraphe 2 ainsi conçu : « L'enfant naturel, légalement reconnu, a droit à une réserve. Cette réserve est une quotité de celle qu'il aurait eue s'il eût été légitime, calculée en observant la même proportion qu'il y a aux termes des articles 758, 759 et 760 entre la portion attribuée à l'enfant naturel au cas de succession *ab intestat* et celle qu'il aurait eue, dans le même cas, s'il eût été légitime. »

Cela n'était pas inutile à dire, en effet, si la loi assimile l'enfant naturel à un héritier légitime, elle ne l'assimile pas à un enfant légitime. La différence de quotité des droits et la prohibition des donations entre vifs en sont des preuves. On sait, d'autre part, que les enfants et les ascendants sont les seuls héritiers légitimes réservataires.

De plus, sous l'empire du Code Civil, qui était muet à cet égard, la question de savoir si l'enfant naturel avait droit à une réserve, fut vivement controversée.

Un des premiers commentateurs du Code, Chabot, refusait toute réserve à l'enfant naturel (1).

(1) Chabot. *Comment. sur les successions*, pp. 152 et suiv.

Malleville, d'autre part, faisait une distinction, et s'il se ralliait à l'opinion de Chabot en ce qui concerne les donations entre vifs, il reconnaissait à l'enfant naturel un droit de réduction sur les legs.

De nos jours encore, M. Laurent enseigne, à Gand, la doctrine de Chabot (1), qui, en France, ne compte presque plus de partisans. La doctrine et la jurisprudence sont d'accord aujourd'hui pour reconnaître un droit de réserve à l'enfant naturel. L'art. 757 assimile, en effet, à la quotité près, le droit de l'enfant naturel à celui de l'enfant légitime; l'enfant naturel doit donc avoir une réserve, sans quoi les deux droits ne seraient pas de même nature. L'art. 761 fournit, en outre, un argument puissant à cette opinion. Cet article, en effet, accorde aux parents la faculté de restreindre le droit de l'enfant naturel en déclarant que leur intention est de réduire sa part à la portion qu'ils lui ont assignée; mais il ajoute que dans le cas où cette portion serait inférieure à la moitié de ce qui devrait revenir à l'enfant, celui-ci pourra réclamer le supplément nécessaire pour parfaire cette moitié. Il est difficile d'admettre, en présence de ce texte, que les parents puissent dépouiller complètement l'enfant. L'art. 761, pour le cas où l'ascendant n'aurait pas usé du moyen qu'il indique, réserve textuellement à l'enfant le droit de réclamer lors du décès. Ce droit de réclamation ne saurait être autre chose qu'un droit de réserve. M. Laurent répond bien que l'art. 761 suppose que le père ou la mère veut donner à l'enfant naturel une partie de la succession, ce qui est

(1) F. Laurent. *Principes de Droit Civil français*, t. XII, pp. 67 et suiv.

tout différent que de dire que, même s'il ne le veut pas, il *doit* la lui donner. Mais cet argument est loin d'être concluant.

Il résulte de ce que nous venons de dire, qu'en dehors de l'art. 761, il aurait été assez difficile de trouver dans le Code un texte reconnaissant à l'enfant naturel un droit de réserve.

La loi nouvelle, abrogeant l'art. 761, devait donc à cet égard le remplacer par quelque chose sous peine de rouvrir une controverse mal éteinte.

Quant à la quotité de cette réserve, la loi nouvelle a adopté le système admis par la jurisprudence. Au point de vue des principes généraux, cette quotité se défend d'ailleurs par le raisonnement suivant : le droit héréditaire de l'enfant naturel est proportionnel au droit héréditaire de l'enfant légitime ; la même proportion doit exister entre les réserves de l'un et de l'autre, puisque la réserve n'est autre chose que la succession diminuée du disponible.

La Chambre des députés avait adopté un autre principe. D'après le projet voté par elle, la réserve aurait été dans tous les cas égale à la moitié de la réserve d'un enfant légitime. M. Dauphin a fait écarter ce système au Sénat en montrant que la réserve ainsi calculée était moins forte dans certains cas que celle accordée à l'enfant par la jurisprudence actuelle.

C'est ainsi qu'un enfant naturel appelé *ab intestat* à la totalité de la succession, pourrait être dépossédé des 3/4 de la succession au lieu de la moitié, et quand il serait en concours avec des ascendants, des frères et sœurs ou descendants d'eux, sa réserve ne serait que d'un quart au lieu de 3/8.

§ IV. — *Réserve des Ascendants en présence d'Enfants naturels*

On sait que le Code établit en faveur des ascendants une réserve égale à la moitié de la succession, quand il y a des ascendants dans les deux lignes ; cette réserve est seulement du quart, quand il y a des ascendants dans une seule ligne.

Les ascendants viennent, d'autre part, en concours avec les enfants naturels qui, eux-mêmes, ont droit à une réserve.

La majorité de la doctrine et la jurisprudence admettent le cumul de ces deux réserves. Ce cumul se produit d'ailleurs également lorsque des enfants naturels et légitimes sont appelés à la même succession. Nous ne nous occuperons que du premier cas. Trois systèmes ont été proposés pour organiser le cumul des deux réserves.

Le premier système voudrait que chacune des réserves fût prélevée dans son intégrité sur la quotité disponible.

Dans le second système, on prélève au contraire la réserve de l'enfant naturel sur la masse de la succession, par conséquent sur la réserve des héritiers légitimes et sur la quotité disponible proportionnellement.

Ces deux systèmes ont le même inconvénient. La quotité disponible pourrait se trouver plus réduite par la présence d'un enfant naturel que par celle d'un enfant légitime, résultat inadmissible. Ils sont abandonnés aujourd'hui.

Les partisans du troisième système ont voulu éviter ce reproche, et, se basant sur ce que le droit de l'enfant naturel est identique, sauf la quotité, à celui de l'enfant légitime, ils ont été amenés à faire une distinction. La réserve de l'enfant naturel se prélèvera, suivant les cas, uniquement sur la réserve des héritiers légitimes, ou proportionnellement sur cette réserve et sur la quotité disponible.

Ce système étant le plus généralement adopté, nous allons suivre ses déductions dans le cas où un enfant naturel vient en concours avec des ascendants dans les deux lignes, puis dans une seule. Nous supposerons également un légataire universel.

I. — Ascendants dans les deux lignes

S'il n'y avait pas d'enfant naturel, les ascendants prendraient 1/2 de la succession, et le légataire universe l'autre 1/2.

Si d'autre part l'enfant, au lieu d'être naturel, était légitime, les ascendants n'auraient rien, l'enfant prendrait 1/2, et le légataire universel toujours 1/2.

La part du légataire universel restant la même dans les deux hypothèses, la présence de l'enfant naturel ne nuit qu'aux ascendants. Il en résulte que sa réserve devra être prélevée entièrement sur la leur. Cette réserve est dans le cas qui nous occupe, et, d'après les quotités établies par le Code, du 1/4 de la succession. Les ascendants auront donc 1/4, l'enfant 1/4, le légataire universel 1/2.

II. — Ascendants dans une seule ligne

S'il n'y avait pas d'enfant, le légataire universel prendrait 3/4 et les ascendants 1/4.

Si, au lieu d'être naturel, l'enfant était légitime, le légataire universel prendrait 1/2, les ascendants n'auraient rien, et l'enfant prendrait 1/2.

La présence de l'enfant nuit donc également aux ascendants et au légataire universel. Sa réserve sera donc prélevée également sur la réserve des ascendants et sur la quotité disponible.

Les ascendants auront 1/4 — 1/8 = 1/8, l'enfant naturel 1/4 = 2/8, le légataire universel 3/4 — 1/8 = 5/8.

D'après la loi nouvelle, la part héréditaire de l'enfant naturel, en présence d'ascendants, se trouve portée de la moitié de la succession aux 3/4. Il s'en suit que dans le même cas sa réserve, au lieu d'être d'1/4, est des 3/8.

En introduisant cet élément nouveau dans les calculs déjà faits, les résultats précédemment indiqués deviennent les suivants.

1er Cas. — Enfant 3/8, ascend. 1/8, lég. univ. 1/2 = 4/8.

2e Cas. — Enfant 3/8 = 6/16, ascend. 1/16, lég. univ. 9/16.

Le nouvel art. 915 est venu, tout en reconnaissant législativement le cumul des deux réserves, modifier légèrement ces résultats. Voici cet article :

« Art. 915. — Lorsqu'à défaut d'enfants légitimes le défunt laisse à la fois un ou plusieurs enfants naturels, et des ascendants dans les deux lignes ou dans une seule, les libéralités par acte entre vifs et par testament, ne pourront excéder la moitié des biens du disposant s'il n'y a qu'un enfant naturel, le tiers s'il y en a deux, le quart s'il y en trois ou un plus grand nombre. Les biens ainsi réservés seront recueillis par les ascendants jusqu'à concurrence d'un huitième de la totalité de la succession et le surplus par les enfants naturels. »

Le système adopté par le Sénat repose sur les mêmes principes que celui de la doctrine. La réserve générale est la même en cas de concours d'enfants naturels avec des ascendants, qu'en présence d'enfants légitimes. Cette réserve, les héritiers la partagent proportionnellement à leur part *ab intestat* qui, pour simplifier les calculs, est calculée dans le cas où il y a un seul enfant naturel.

Le système du Sénat est plus simple que celui de la doctrine. On peut remarquer qu'il a eu pour effet d'élever la réserve de l'ascendant du 1/16 au 1/8, dans le cas où il n'y a d'ascendants que dans une seule ligne.

Il est cependant peut-être plus rigoureux qu'il ne le paraît au premier abord. C'est qu'en effet, sous le régime du Code, les ascendants ne pouvaient jamais avoir à user de leur réserve en présence de dispositions faites en faveur de l'enfant naturel, celui-ci ne pouvant recevoir plus que la part très restreinte que lui accordait la loi.

Sous l'empire de la loi nouvelle, au contraire, les parents peuvent, par une institution universelle faite au profit de l'enfant, réduire les ascendants au huitième de la succession.

Le Sénat n'a pas voulu, malgré les observations portées

à la tribune par MM. Thézard et Grivart, distinguer ces deux hypothèses (1).

Il est à remarquer que le système adopté par la Chambre, et qui, dans tous les cas, accordait aux ascendants l'usufruit de la moitié de la succession, tout en paraissant plus rigoureux, était peut-être plus avantageux pour les ascendants.

§ V. — *Calcul de la Part de chaque Enfant naturel quand il y en a plusieurs.*

Le Code n'a pas prévu le cas de concours de plusieurs enfants naturels avec un ou plusieurs enfants légitimes ascendants ou collatéraux. Comment calculer alors la part qui revient à chacun d'eux ? Plusieurs systèmes ont été proposés.

Nous supposerons les enfants naturels en concours avec des enfants légitimes. Tout ce que nous dirons s'appliquerait sans changement aux autres cas.

Dans un premier système qui a toujours été suivi par la jurisprudence, on suppose tous les enfants légitimes, on calcule la part de chacun d'eux. Chaque enfant naturel prend le tiers de la part ainsi calculée, les deux autres tiers allant grossir la portion des enfants légitimes. Ce système est très simple, mais il donne prise à la critique en ce qu'il traite chaque enfant naturel aussi rigoureusement que s'il concourait en réalité avec des enfants légitimes. Chaque enfant naturel ne profite pas du retranchement subi par ses frères naturels. En d'autres termes, il n'a pas plus dans une succession qui s'ouvre entre trois enfants

(1) Sénat, séance du 22 mars 1895. *Journal officiel*, p. 230.

naturels et deux légitimes, que s'il y avait trois légitimes et deux naturels. La portion revenant à chaque enfant naturel diminuant de plus à mesure que leur nombre augmente; la part attribuée à la famille légitime finit par être hors de proportion avec celle de la famille naturelle.

Les partisans du second système partent de ce principe, que les rédacteurs du Code ont voulu dire que la part de l'enfant naturel devait toujours être du tiers de celle de l'enfant légitime. Dans cet ordre d'idées, le calcul est extrêmement simple. Il suffit de multiplier par 3 le nombre des enfants légitimes, d'ajouter le nombre des enfants naturels, de diviser la succession en autant de parts, d'attribuer 3 de ces parts à chaque enfant légitime et 1 à chaque enfant naturel.

Le défaut de ce système est que son point de départ est faux. En effet, si on suppose un enfant naturel en concours avec deux enfants légitimes, et qu'on applique la règle écrite dans l'article 757, on doit dire : Si l'enfant naturel avait été légitime, il aurait recueilli le tiers de la succession, la loi lui accorde le tiers de ce tiers, c'est-à-dire 1/9 de la succession.

Si on applique, au contraire, la règle ci-dessus indiquée, on a 1 enfant naturel auquel on ajoute 3 fois le nombre des enfants légitimes (ici 2), soit un total de 7. Au lieu du 1/9, l'enfant naturel recueillerait le 1/7.

Un troisième système a essayé d'éviter le reproche que nous venons d'adresser au second système. La loi, disent ses auteurs, s'est expliquée sur le cas où un seul enfant naturel est en concours avec un ou plusieurs enfants légitimes. Si elle a gardé le silence sur le cas où il y a plusieurs enfants naturels, elle offre une lacune qu'il faut combler en se référant à son esprit.

Un enfant naturel est en concours avec un enfant légitime, la loi lui donne le sixième de la succession, les autres cinq sixièmes restent à l'enfant légitime. Il existe donc un rapport de 1 à 5 entre les parts attribuées à chaque classe d'enfants. Ce rapport étant connu, il faut, pour être logique et rester dans la pensée de la loi, le conserver quel que soit le nombre des enfants naturels. Dans tous les cas, tant qu'il n'y aura qu'un enfant légitime, sa part devra être cinq fois plus forte que celle de chacun des enfants naturels.

De même, s'il y a deux enfants légitimes et un enfant naturel, la part de celui-ci est de 1/9 et celle de chacun des enfants légitimes de 4/9. Dans le cas de deux enfants légitimes, le rapport fixe sera de 1/4.

On voit la ressemblance qui existe entre les deux derniers systèmes, au moins au point de vue des principes généraux qui leur servent de base. Le point de départ seul varie. Une fois celui-ci admis, le calcul est aussi simple pour le troisième système que pour le second.

Nous allons, pour mieux faire comprendre ces trois systèmes, calculer quelques résultats.

Nous devons ajouter qu'il existe un quatrième système qui calcule la part de chaque enfant naturel en particulier, absolument comme s'il était légitime et avait à concourir avec des frères légitimes et des frères naturels. Ce système donne lieu à des calculs compliqués qui doivent le faire écarter de la pratique.

Nous supposerons dans notre calcul un nombre fixe de

deux enfants légitimes, et nous ferons varier le nombre des enfants naturels.

	2 ENFANTS LÉGITIMES 1 — NATUREL	2 ENFANTS LÉGITIMES 2 — NATURELS	2 ENFANTS LÉGITIMES 3 — NATURELS	2 ENFANTS LÉGITIMES 4 — NATURELS
1er SYSTÈME	Si 3 enfants légitimes, chacun d'eux aurait le 1/3 de la succession ; l'enfant naturel prend le 1/3 de ce 1/3, soit 1/9 ; l'enfant légitime a 4/9 : 1/9 4/9 4/9	Si 4 enfants légitimes, chacun d'eux aurait 1/4, l'enfant naturel aura 1/4 × 1/3 = 1/12. 1/12 1/12 5/12 5/12	Si 5 enfants légitimes, chacun d'eux aurait 1/5, l'enfant naturel aura 1/5 × 1/3 = 1/15. 1/15 1/15 1/15 6/15 6/15	Si 6 enfants légitimes, chacun d'eux aurait 1/6, l'enfant naturel aura 1/6 × 1/3 = 1/18. 1/18 1/18 1/18 1/18 7/18 7/18
2e SYSTÈME	3 × 2 enf. légitimes + 1 enf. naturel = 7. Chaque enf. légitime aura 3/7 et l'enf. naturel 1/7. 1/7 3/7 3/7	3 × 2 enf. légit. + 2 enf. nat. = 8. 1/8 1/8 3/8 3/8	3 × 2 enf. légit. + 3 enf. nat. = 9. 1/9 1/9 1/9 3/9 3/9	3 × 2 enf. légit. + 4 enf. nat. = 10. 1/10 1/10 1/10 1/10 3/10 3/10
3e SYSTÈME	Mêmes résultats et calculs que dans le premier système. 1/9 4/9 4/9	On a à établir les proportions $\frac{1}{x}\quad\frac{1}{x}\quad\frac{y}{x}\quad\frac{y}{x}$ la base du système est que $\frac{1}{y} = \frac{1}{4}$ d'où $y = 4$ D'autre part $x = 2y + 2 = 10$. 1/10 1/10 4/10 4/10	$\frac{y}{x}\quad\frac{1}{x}\quad\frac{1}{x}\quad\frac{y}{x}\quad\frac{y}{x}$ $y = 4$ $x = 2y + 3 = 11$ 1/11 1/11 1/11 4/11 4/11	$\frac{1}{x}\quad\frac{1}{x}\quad\frac{1}{x}\quad\frac{1}{x}\quad\frac{y}{x}\quad\frac{y}{x}$ $y = 4$ $x = 2y + 4 = 12$ 1/12 1/12 1/12 1/12 4/12 4/12

On voit par ce tableau que dans le premier système, le dénominateur de la fraction représentant la part de l'enfant naturel augmente de 3 (son numérateur restant égal à 1) pour une variation de 1 dans le nombre des enfants naturels, le nombre des enfants légitimes restant fixe. Pour une même variation, le dénominateur augmente seulement d'une unité dans les deux derniers systèmes.

On peut remarquer d'autre part, que dans ces deux systèmes la loi de variation est la même. Le point de départ seul diffère et celui du second système est contraire au texte même de la loi, nous l'avons déjà fait remarquer.

Le troisième système ne prête en résumé à aucune critique, il conduit à des calculs très simples. Il semble donc qu'il devrait être adopté.

Le texte voté par le Sénat ne contient aucune disposition à cet égard. Il résulte cependant du rapport de M. Dauphin que la commission a entendu s'en référer au système de la jurisprudence. Il est à regretter en tous cas que cette solution n'ait pas reçu la sanction d'un texte. « Votre Commission, a dit M. Dauphin, n'a point tenté de substituer un autre calcul à celui qu'elle repousse, ni de codifier celui que la jurisprudence et la pratique ont adopté. Sur ce point comme sur beaucoup d'autres, elle a admis comme certains les résultats acquis ». Le rôle du Sénat était-il de se contenter de constater la solution adoptée par la jurisprudence ? Il est permis d'en douter.

La Chambre des députés s'était ralliée au second système ; l'art. 757 de sa rédaction s'exprimait ainsi : « Pour opérer le partage, il suffira de supposer le nombre des enfants légitimes double de ce qu'il sera réellement, d'y ajouter celui des enfants naturels et de faire autant de parts égales qu'il sera censé alors y avoir d'enfants ; chaque enfant naturel prendra une part, chaque enfant légitime en prendra deux ».

Il est bon d'ajouter que M. Jullien, rapporteur de la loi, croyait adopter ainsi le système de la jurisprudence. Il l'a attribué avec plus de justesse au Code italien qui l'a en effet reproduit dans son art. 744. L'erreur de M. Jullien peut d'ailleurs s'expliquer par ce fait que le système de la jurisprudence peut s'exprimer dans une formule presqu'identique à celle du second système. Il suffit en effet de multiplier par 3 la somme formée en ajoutant le nombre des enfants naturels à celui des enfants légitimes. Le produit donne le dénominateur de la fraction représentant la part qui revient à l'enfant naturel, le numérateur étant égal à 1.

§ VI. — *Corrélation des Art. 908 anciens et nouveaux avec l'Art. 337.*

L'art. 337 du Code Civil est ainsi conçu : « La reconnaissance faite pendant le mariage par l'un des époux, au profit d'un enfant naturel qu'il aurait eu, avant son mariage, d'un autre que de son époux, ne pourra nuire ni à celui-ci ni aux enfants nés de ce mariage. Néanmoins elle produira son effet après la dissolution de ce mariage, s'il n'en reste pas d'enfants ».

Cet article est un de ceux de la matière auquel le législateur semble attacher le plus d'importance. M. Demôle, dans la discussion récente, a rendu hommage à son esprit qui dérive, a-t-il dit, d'un « intérêt supérieur, le respect des conventions ». De même, M. Grivart s'est exprimé ainsi : « L'art. 337 n'est pas une disposition qu'on puisse traiter à la légère, l'honorable M. Demôle en a montré toute l'importance. Il lui a rendu hommage, et lui, qui ne peut pas être soupçonné de tiédeur pour les enfants naturels, vous a dit : « ne touchons pas à l'article 337, je ne veux pas qu'on y touche, et je n'y touche pas ».

Il est à remarquer d'ailleurs que des dispositions analogues se retrouvent dans presque tous les Codes étrangers, même avec certaines aggravations.

Or, cet art. 337, combiné avec l'art. 908, tel que l'avait rédigé le Code était sanctionné par de graves incapacités pour l'enfant naturel auquel il s'appliquait.

En effet de cette combinaison et du texte même de l'article, la doctrine presqu'entière et la jurisprudence tiraient les trois conséquences suivantes.

1° L'enfant naturel quoique reconnu ne peut venir en concours sur la succession avec les enfants légitimes issus du mariage.

2° L'enfant naturel ne peut pas user de sa réserve à l'encontre du conjoint dans les cas où, à défaut d'enfants légitimes, la loi appelle celui-ci à la succession, cas d'ailleurs extrêmement rares.

3° C'est ici qu'intervient l'art. 908. — Dans le cas visé par l'art. 337, celui qui a reconnu l'enfant ne peut rien lui laisser par legs, ou par donation. L'art. 908 en effet interdit de léguer ou de donner à un enfant naturel plus que ne comporte son droit de succession. Or, comme, dans le cas de l'art. 337, l'enfant n'a aucun droit de succession à l'encontre des enfants nés du mariage, ou du conjoint, l'art. 908 interdit de lui donner ou de lui léguer quoi que ce soit.

Le texte voté par la Chambre et le Sénat fait disparaître, nous l'avons déjà dit, la prohibition de l'art. 908, au moins en ce qui concerne les legs. Il en résulte que la dernière sanction de l'art. 337 disparait, et cette sanction était, certes, la plus importante des trois, puisque sans elle la volonté de celui qui a reconnu l'enfant peut rendre les deux premières inutiles.

M. Grivart s'est élevé avec force contre ce résultat, et il paraissait avoir convaincu le rapporteur de la loi qui lui répondait en ces termes : « L'honorable M. Grivart vous dit, et l'on reconnait que cela est vrai quand on vérifie attentivement les expressions du Code, que d'après l'art. 337 la reconnaissance faite pendant le mariage d'enfants nés avant qu'il ait été contracté ne peut nuire ni à l'époux ni aux enfants nés du mariage. Elle ne peut pas nuire ! mais si néanmoins le père ou la mère reconnait l'enfant et teste en sa faveur, ne pourrait-on pas soutenir que, à l'égard de l'autre époux et des enfants légitimes, la reconnaissance sera censée ne pas exister et que par suite le parent testateur aura le droit, quoiqu'il ait reconnu son enfant, de lui laisser la totalité de sa fortune, comme s'il ne l'avait pas reconnu ? Tel n'a pas été, bien entendu, Messieurs, le sentiment de la Commission ; elle estime que quand on refuse tout effet à la reconnaissance faite pendant le mariage, par voie de conséquence et à plus forte raison, les dispositions libérales doivent être considérées comme interdites et ne sauraient nuire aux enfants légitimes pas plus que la reconnaissance elle-même ; mais comme le texte pourrait donner lieu à des difficultés, je prie le Sénat de permettre à la Commission de le rectifier d'ici à la deuxième délibération » (1).

On peut remarquer qu'il se glissait déjà un malentendu entre M. Grivart et M. Dauphin. M. Grivart s'occupait de la situation que le nouvel art. 908 faisait aux enfants légitimes et à l'épouse, tandis que M. Dauphin rééditait un argument déjà vieux et qui avait pu être opposé à la solution généralement admise même sous l'empire de l'ancien art. 908. L'argument est en effet complètement indépendant de cet article, il consiste à dire : si la reconnaissance ne profite pas à l'enfant naturel, elle ne doit pas pouvoir non plus lui nuire. La reconnaissance est alors considérée comme non avenue, et par suite l'enfant est, vis-à-vis des enfants légitimes et du conjoint, dans la même situation qu'un étranger à qui l'on peut donner ou léguer.

Ce malentendu devait porter ses fruits. Entre les deux délibérations rien ne fut changé au texte de l'art. 908, et comme M. Grivart rappelait à M. Dauphin sa promesse, celui-ci lui répondit en ces termes : « La corrélation des art. 337 et 908 a donné lieu à des difficultés de jurisprudence et de doctrine, mais la question reste ce qu'elle était » (2).

Il y a là, croyons-nous, une erreur. La question a subi un grave changement en ce que la solution adoptée par la majorité de la doctrine a perdu son principal argument. Quant à la jurisprudence, il n'y a rien de changé à son égard, et en cela M. Dauphin a raison.

La Cour de Cassation, qui, en effet, avait été d'accord

(1) Sénat, séance du 21 mars 1895. *Journal officiel*, p. 223.
(2) *Journal officiel*, p. 258.

jusqu'en 1878, avec la doctrine a changé de système par un arrêt du 28 mai 1878 (1). Cet arrêt ayant été cité à l'appui de leur thèse par chacun des adversaires dans la discussion du Sénat, nous croyons devoir l'analyser. Il fera comprendre les différents systèmes possibles en cette délicate matière.

Le 7 février 1871, une demoiselle Rose Jacquemin avait épousé un sieur Fléchaire, et le 27 février 1871 elle avait par testament institué Jeanne Jacquemin, fille légitime de Pierre Jacquemin, comme légataire universel en nue propriété, l'usufruit étant réservé à son mari. L'année suivante, Pierre Jacquemin faisait reconnaître incidemment, par arrêt de la Cour de Nimes, sa situation d'enfant naturel de la dame Fléchaire. Il est bon de remarquer à cet égard que la Cour de Cassation a décidé, par un arrêt du 16 décembre 1861, que la disposition de l'art. 337 est applicable au cas de reconnaissance judiciaire comme au cas de reconnaissance volontaire.

Le 10 janvier 1873, la dame Fléchaire faisait un second testament dans lequel elle révoquait celui de 1871, et instituait son mari légataire universel en pleine propriété.

Après la mort de la dame Fléchaire, Pierre Jacquemin prétendit, en sa qualité d'enfant naturel, avoir droit à une réserve dans la succession de sa mère. Il succomba dans sa demande par arrêt du 1er juillet 1875 et par application de l'art. 337. Nous avons déjà noté ce résultat.

Mais en même temps Pierre Jacquemin avait intenté au sieur Fléchaire une action en captation d'héritage, et dans

(1) Cass. 28 mai 1878 (S. 1879, I, p. 337) et la note de M. Labbé.

cette action il triompha par arrêt du tribunal de Nimes du 18 février 1876. Le testament de 1871 reprenait donc valeur. Le sieur Fléchaire répondit en interjetant appel et en soutenant de plus que, d'après l'art. 911, Jeanne Jacquemin était personne interposée par rapport à son père, qu'elle ne pouvait, par suite, rien recevoir de plus que celui-ci, qui était rendu complètement incapable par la combinaison des art. 908 et 337. Il invoquait, à cet égard, l'arrêt du 1er juillet 1875.

La Cour de Nimes rendit son arrêt le 6 juin 1877.

« Sur le moyen tiré de la combinaison des art. 908 et 337, attendu, disait-elle, que la disposition de 337 est une disposition de rigueur qui doit être maintenue dans les limites fixées par le législateur....., que l'enfant naturel reconnu ne peut se prévaloir dans ce cas de sa qualité pour venir au partage avec les enfants légitimes, qu'il ne peut pas non plus écarter le conjoint appelé à défaut de successible, qu'à cela se borne la prohibition de la loi, attendu que s'il est vrai que la libéralité, faite par donation ou testament à l'enfant naturel, aura pour conséquence de lui conférer indirectement un droit que le législateur lui a dénié, il est non moins vrai qu'il ne viendra pas le recueillir comme enfant, qu'il le recueillera au même titre qu'un étranger... De tout quoi il résulte que l'enfant naturel reconnu pendant le mariage n'est pas incapable de recevoir un legs de l'auteur de la reconnaissance ».

Le sieur Fléchaire se pourvut en Cassation pour violation des art. 911, 908 et 337. M. le conseiller Cornelly fut chargé du rapport.

Il conclut au rejet en invoquant trois raisons :

1° L'art. 337 ne s'applique pas lorsque les deux époux ont connu l'existence de l'enfant naturel au moment du mariage, il suppose une déloyauté qui n'existe pas dans ce cas.

2° L'art. 337 ne protége le conjoint que en ce qui concerne les droits acquis par le mariage, par exemple ceux résultant du contrat de mariage. Le droit de succession, qui n'est qu'une espérance que de nombreuses circonstances peuvent venir détruire, ne saurait rentrer dans cette catégorie. Le conjoint est exclus par l'enfant parce que, d'après le paragraphe 2 de l'art. 337, la reconnaissance produit son effet après la dissolution du mariage, s'il ne subsiste pas d'enfants légitimes, et que l'ouverture du droit de succession est postérieure à la dissolution du mariage.

3° La Cour de Cassation n'adopta pas les conclusions de son rapporteur sur ces deux points ; au moins on n'en retrouve rien dans l'arrêt de rejet, qui retint seulement la troisième raison donnée par le rapporteur, et l'exprima en ces termes : « Attendu que l'action de ladite Jeanne Jacquemin étant ainsi fondée sur le testament et non sur la reconnaissance judiciaire, ne pouvait être repoussée en vertu de l'art. 337, dont la disposition rigoureuse n'a d'autre objet que les droits qui résultent de la reconnaissance d'un enfant naturel dans les conditions qu'elle prévoit et ne peut être appliquée par une interprétation extensive à une libéralité testamentaire ».

C'est presque identiquement ce qu'avait déjà dit la Cour de Nimes.

Il est à remarquer, d'ailleurs, que l'arrêt a, au point de vue des principes, une importance considérable. Il ne saurait, en effet, s'expliquer par les circonstances particulièrement favorables de la cause, l'arrêt renfermant un autre motif de rejet parfaitement suffisant. On se souvient, en effet, que le sieur Fléchaire invoquait l'art. 911 pour prouver que Jeanne Jacquemin était personne interposée.

Or, la Cour de Cassation déclara, d'une part, qu'au jour du testament, Pierre Jacquemin, n'étant pas reconnu, il ne pouvait être question d'interposition de personne ; et, que d'autre part, l'art. 908 n'était pas applicable aux petits-enfants.

Cela était parfaitement suffisant pour motiver le rejet puisque ces deux décisions faisaient écrouler le raisonnement de Fléchaire.

C'est donc avec intention que la Cour de Cassation a répudié, en 1878, le système de la doctrine. Celle-ci s'est élevée avec force contre cette interprétation, et elle pouvait peut-être espérer triompher. Par des arrêts postérieurs la Cour de Cassation est revenue en arrière sur des points de détails (1).

Aujourd'hui, avec le texte voté par les Chambres, la doctrine doit renoncer à cet espoir, la question ne paraît même plus discutable.

(1) Cass. 30 janv. 1883 (S. 1883, 1, 193); 22 janv. 1884 (S. 1884, 1, 227).

CHAPITRE III

LEGISLATION COMPARÉE

Rappelons au début de cette étude qu'il est une distinction qu'il ne faut pas oublier. Parmi les législations que nous aurons à étudier les unes admettent le principe de la libre recherche, les autres le repoussent.

Nous allons ranger en trois groupes les législations des différents pays :

Le premier groupe comprendra les législations qui reconnaissent à l'enfant un droit successoral sur les biens de ses deux auteurs.

Le second groupe, celles qui ne reconnaissent ce droit que sur les biens d'un seul des auteurs.

Dans le troisième groupe, enfin, nous rangerons les législations qui n'accordent à l'enfant aucun droit de succession.

PREMIER GROUPE. — *Législations qui reconnaissent à l'Enfant un Droit de Succession sur les Biens de ses deux Auteurs.*

Le premier groupe se divise lui-même en deux classes, suivant que les législations font une distinction entre les deux auteurs, ou ne font pas de distinction.

Première classe. — Législations qui ne font aucune distinction entre les deux auteurs.

C'est le système du Code français. Ce système a été suivi par l'Italie, la Belgique, la Hollande, le Portugal, l'Espagne, les cantons de Genève, de Neufchâtel, de Vaud, du Tessin.

On le retrouve également au Chili, en Bolivie, au Honduras, à Costa-Rica, au Pérou, en Uruguay, et enfin à Haïti.

Tous les pays qui ont admis ce système repoussent le principe de la libre recherche de la paternité. Il est curieux de noter qu'au Chili, où le législateur admet le principe de la libre recherche, il s'empresse d'ajouter que la reconnaissance volontaire est nécessaire pour faire naitre un droit de succession et que la reconnaissance judiciaire ne peut faire naitre qu'un droit aux aliments.

D'une manière générale, dans tous les Codes, la qualité du droit est la même pour l'enfant naturel que pour l'enfant légitime.

Cependant les Codes italiens et espagnols écartent l'enfant naturel du partage de la succession. Le paragraphe 2 de l'art. 744 du Code italien s'exprime ainsi : « les enfants légitimes ou leurs descendants ont la faculté de payer la quote part revenant aux enfants naturels en argent ou en biens immeubles d'après une juste estimation ».

De même on lit dans l'art. 840 du Code Espagnol *in fine* : « Les enfants légitimes pourront fournir la part revenant aux enfants naturels en argent ou en d'autres biens d'après une juste estimation ».

Les législateurs italiens et espagnols ont craint les froissements qui peuvent se produire par suite de la présence de l'enfant naturel au partage au milieu des héritiers légitimes. En France, l'enfant naturel a toujours été admis au partage même lorsque la loi le qualifiait seulement de successeur irrégulier.

Si l'on s'occupe de la quotité du droit, on voit que les mêmes principes sont appliqués presque partout.

L'enfant naturel vient en concours avec les enfants légitimes, les ascendants, et les frères et sœurs, et son droit n'est pas égal à celui de l'enfant légitime, tel est le système voté en France par le Sénat.

En Italie, l'enfant naturel exclut les frères ou sœurs (art. 747). La même disposition se retrouve dans l'art. 939 du Code espagnol. Le Code portugais va encore plus loin, l'enfant naturel exclut tous les parents autres que les enfants légitimes. Il en est de même à Haïti et à Costa-Rica.

Par contre, en Uruguay, les enfants naturels sont exclus par les descendants légitimes, et au Chili ils sont exclus non seulement par les enfants légitimes, mais encore par les ascendants, et les frères ou sœurs. En concours avec le conjoint, ils prennent la moitié et excluent tous les autres parents.

A ce sujet nous noterons que les Codes, qui reconnaissent un droit de succession au conjoint, lui permettent de venir en concours avec les enfants naturels. On peut citer les Codes Italien, Chilien, Péruvien et Uruguayen.

Si l'on recherche dans les différents Codes la prohibition de l'art. 908, on la retrouve seulement dans le Code italien. L'art. 768 de ce code s'exprime ainsi : « Les enfants naturels non légitimés, sont incapables de recevoir par testament au delà de ce que la loi leur attribue par succession *ab intestat* ».

On ne retrouve pas trace ailleurs de cette disposition, partout l'enfant naturel est assimilé à cet égard à un étranger.

L'art. 847 du Code espagnol est formel : « Les donations que l'enfant naturel a reçues de son père ou de sa mère pendant leur vie s'imputent sur sa réserve. Si elles excèdent le tiers de libre disposition, on les réduira en la forme prévue par les art. 817 et suivants. » On voit qu'il faut, pour être réductible, que la donation excède la quotité disponible.

Le Code péruvien va même plus loin dans cette voie en décidant qu'en présence de l'enfant naturel, l'ascendant n'a pas de réserve.

Dans deux Codes du groupe que nous étudions, on trouve un principe que nous verrons se développer : les codes de Bolivie et de Costa-Rica reconnaissent à l'enfant naturel un droit sur l'héritage de ses grands parents ; l'un, le Code bolivien, à défaut de descendants légitimes, l'autre dans tous les cas.

Dans les autres Codes non seulement on ne trouve pas de dispositions dans ce sens, mais encore on en trouve en sens inverse. France (art. 756), Italie (art. 749), Espagne (art. 943).

Il est à remarquer qu'aucun de ces Codes n'a accompli l'assimilation de la quotité des droits des enfants naturels et légitimes. Cette assimilation est proposée en Belgique, elle vient d'être repoussée en France. On lit bien à cet égard dans un ouvrage récemment paru (1) à propos de la

(1) De la Grasserie. *Recherche de la paternité naturelle*, 1893.

législation espagnole : « En présence de descendants ou d'ascendants, les enfants naturels ont les mêmes droits que les descendants légitimes. Cette législation a fait ici un pas décisif très important en leur faveur et qu'aucune législation n'avait encore osé ». Malheureusement rien dans le Code Espagnol de 1889 ne nous parait justifier cette assertion comme on pourra s'en rendre compte par l'étude que nous allons faire des dispositions de ce Code en notre matière.

LÉGISLATION ESPAGNOLE

Dans le Droit espagnol, l'autorité du père de famille est restée très grande. Le père peut d'abord dans les cas prévus par les art. 852 et 853, déshériter ses enfants, et cela complètement. De plus, dans tous les cas, les art. 808 et 823 font trois parts de la fortune, la première constitue la véritable quotité disponible, dont le testateur peut disposer, même au profit d'un tiers ; la seconde forme la réserve, dont aucun enfant légitime ne peut être privé. Quant à la troisième, elle revêt un caractère mixte, elle appartient aux enfants, mais le père peut l'attribuer à l'un aux dépens des autres, à titre de préciput. Ainsi s'il y a deux enfants, l'un d'eux peut n'avoir que le sixième de la succession.

Nous avons déjà vu que l'enfant naturel peut être écarté du partage de la succession par l'enfant légitime. Cependant le Code espagnol lui reconnait le titre d'héritier réservataire.

En effet, on lit dans l'art. 807 : « Sont héritiers à réserve.

— 3° Les enfants naturels reconnus en la manière et mesure établies par les art. 840-41-42. »

Les art. 840-41-42 règlent les quotités.

840. — Lorsque le testateur laisse des enfants ou des descendants légitimes et des enfants naturels légalement reconnus, chacun de ces derniers aura droit à la moitié de la quotité revenant à chacun des enfants légitimes n'ayant point de préciput. Cette part se prendra toujours sur le tiers de libre disposition après qu'on aura prélevé les frais d'enterrement et de funérailles.

841. — Lorsque le testateur ne laisse ni enfants ni descendants, mais des ascendants légitimes, les enfants naturels reconnus auront droit à la moitié de la portion disponible de la succession.

L'art. 809 établit en effet, d'autre part, une réserve de la moitié de la succession au profit des ascendants. Les enfants naturels prendront donc dans ce cas 1/4 de la succession.

L'art. 841 ajoute : « Cette disposition ne porte pas préjudice à la réserve de l'époux survivant, conformément à l'art. 836. Ainsi, en cas de concours d'un veuf avec des enfants naturels reconnus, on adjugera à ces derniers, pour compléter leur réserve, des biens en nue propriété pendant la vie du veuf. »

Le droit du conjoint est en effet ainsi réglé par l'art. 836 : « Si le testateur ne laisse pas de descendants, mais des ascendants, le conjoint survivant aura droit à l'usufruit du tiers de la succession. Ce tiers se prendra sur la moitié dont le testateur pouvait disposer en pleine propriété. »

Enfin l'art. 842 ajoute : « Lorsque le testateur ne laisse

ni descendants, ni ascendants légitimes, les enfants naturels reconnus, auront droit au tiers de la succession. »

De l'art. 817, il résulte que le législateur espagnol ne s'est occupé, dans les art. 840-41-42, que de fixer dans les différents cas la réserve des enfants naturels. Si on en voulait une autre preuve, on la trouverait dans la comparaison des art. 842 et 939. L'art. 939 dit en effet : « A défaut de descendants et d'ascendants légitimes, la succession appartiendra en totalité aux enfants naturels. » Voilà le droit successoral *ab intestat* fixé à côté de la réserve, et l'art. 942 vient compléter le système en décidant que « dans le cas où il existe des descendants et ascendants légitimes, les enfants naturels ne recueilleront dans la succession que la part accordée par les art. 840 et 841 ». Dans ces deux cas, le droit successoral est égal à la réserve.

En résumé, les enfants naturels sont assimilés à des étrangers, leur présence ne nuit ni aux enfants légitimes, ni aux ascendants, ni même au conjoint. La loi se borne à leur reconnaître dans chaque cas une réserve qui se prélève toujours sur la quotité disponible. Cette imputation de la part de l'enfant naturel sur la quotité disponible est très curieuse. On la rencontre rarement. On peut citer cependant les Codes italiens, et ceux de Guatemala et du canton de Neufchâtel. Voici l'art. 818 du Code italien : « La portion due à l'époux et aux enfants naturels ne vient pas en diminution de la légitime, appartenant aux descendants légitimes ou aux ascendants ; elle forme une réduction de la part disponible. »

L'assimilation établie par le Code espagnol cesse lorsque l'enfant naturel ne se trouve pas en présence de ces héritiers privilégiés. Son droit successoral s'étend alors sur toute la succession avec une réserve d'un tiers.

On voit qu'il y a loin de ce système, beaucoup plus défavorable pour l'enfant naturel que celui du Code français, à celui que M. de la Grasserie prête au Code espagnol. Il nous reste à ajouter que le Code espagnol ne reconnait pas à l'enfant naturel un droit successoral sur les biens de ses grands parents. Cela résulte de l'art. 943 ainsi conçu : « L'enfant naturel n'a pas le droit de succéder *ab intestat* aux ascendants du père ou de la mère qui l'a reconnu. » Cela est d'autant plus utile à noter qu'à certains égards l'enfant naturel semble entrer dans la famille de ceux qui l'ont reconnu. L'art. 46 qui s'occupe des consentements nécessaires pour le mariage s'exprime ainsi : « S'il s'agit d'enfants naturels reconnus, le consentement doit être demandé à ceux qui les ont reconnus, à leurs ascendants et au conseil de famille. »

La composition du conseil de famille est réglée d'autre part par l'art. 302 : « Le conseil de famille pour les enfants naturels se constituera d'après les mêmes règles que pour les enfants légitimes, on choisira pour membres les parents du père ou de la mère qui les a reconnus. »

Ces dispositions sont contraires à la loi de 1862, qui décidait que les enfants naturels n'avaient pas besoin pour se marier du consentement de leurs grands-parents.

D'après l'ancien Droit la législation espagnole aurait appartenu à la deuxième classe du premier groupe.

En effet les enfants naturels succédaient à la mère, à défaut de descendants légitimes et étaient exclus par ceux-ci.

Dans la succession du père, au contraire, exclus également par les descendants légitimes ils venaient seulement en concours avec les ascendants et les collatéraux jusqu'au quatrième degré et excluaient tous les autres.

Deuxième Classe. — Législations qui font une distinction entre les successions des deux auteurs.

Cette deuxième classe forme le trait d'union qui lie le premier au deuxième groupe. Quoiqu'ayant beaucoup plus d'analogie avec les législations du deuxième groupe qu'avec celles du premier, les législations qui rentrent dans cette classe ont avec celles que nous venons d'étudier ce point commun que dans toutes il est des cas, très rares à la vérité chez quelques-unes, où l'enfant naturel a un droit de succession sur les biens de ses deux auteurs, ce qui n'a pas lieu dans le second groupe où, comme nous le verrons, l'enfant n'a aucun droit sur la succession de son père.

On trouve dans cette classe un certain nombre de législations du groupe germanique : Prusse, Bavière, Wurtemberg, Palatinat, Saxe-Weimar ; celles de quelques cantons suisses : Glaris, Argovie.

On peut y faire entrer également les Codes de Norvège et de Louisiane.

Dans toutes ces législations on retrouve les deux mêmes grands principes :

1° La recherche de paternité est admise ;

2° L'enfant naturel, dans la succession de sa mère, est assimilé à l'enfant légitime.

La Louisiane et la Bavière font exception, cependant, à cette deuxième règle. L'enfant naturel n'y succède à la mère que s'il n'y a pas de descendants légitimes, au quel cas il prend toute la succession.

En ce qui concerne la succession paternelle, l'enfant naturel n'y est admis qu'à défaut de descendants légitimes, sauf dans les cantons suisses de Glaris et d'Argovie.

Dans ces deux cantons, l'enfant vient en concours avec les enfants légitimes ; à Glaris, il prend dans ces conditions les 3/4 de ce qu'il aurait eu s'il eût été légitime ; en Argovie, la moitié seulement. L'enfant naturel exclut tous les autres héritiers.

Ce droit, joint au principe de la libre recherche et à l'assimilation des enfants naturels et légitimes dans la succession maternelle, forme la condition la plus favorable qui ait été faite jusqu'à aujourd'hui aux enfants naturels.

Une exception, mais dans un sens tout différent, est fournie par le Code bavarois. Les enfants naturels ne succèdent à leur père qu'à défaut de tous parents légitimes.

On doit citer également, à titre d'exception, le Droit norwégien.

Dans ce Droit, quoique la recherche de paternité soit librement permise, la reconnaissance volontaire du père est nécessaire pour faire naitre le droit successoral. Nous avons déjà noté une disposition analogue dans le Code du Chili. En général, la part de l'enfant est fixée par le père dans l'acte de reconnaissance. La loi se contente de fixer un maximum qui est de la moitié de la part d'un enfant légitime. S'il n'y a pas eu fixation le père est censé avoir voulu donner à l'enfant tout ce que la loi lui permettait.

Dans le droit commun des législations de notre classe, droit qui est formé par les législations du groupe germanique, l'enfant naturel, qui ne vient à la succession qu'à défaut d'enfants légitimes, prend une part très faible, en général 1/6. En Wurtemberg il doit même partager ce sixième avec sa mère.

Dans quelques-unes de ces législations, on retrouve la prohibition édictée par l'art. 908 du Code français, mais affaiblie, et elle n'a jamais d'effet qu'à l'égard du père. C'est ainsi qu'en Wurtemberg, en présence d'enfants légitimes, l'enfant naturel ne peut recevoir plus d'1/12 de la succession (1). C'est d'après Stobbe (2), la solution adoptée par le tribunal d'empire pour les pays de droit commun allemand. En Prusse et en Bavière (3), au contraire, la liberté de tester est entière. Le projet de Code Civil allemand s'est rallié à ce dernier système (art. 1570).

Certaines des législations qui nous occupent accordent à l'enfant un droit de succession sur les biens des parents de sa mère. En Saxe, ce droit n'est sujet à aucune restriction, c'est la solution de l'art. 1568 du projet de Code Civil allemand. En Bavière, il ne prend naissance qu'à défaut d'ayants-droits légitimes. Il n'existe pas en Prusse. Cependant d'après l'art. 12 de la loi prussienne sur les tutelles de 1875, le père de la mère est le tuteur légal des enfants de celle-ci.

Pour avoir une idée exacte des droits reconnus aux enfants naturels par les législations faisant partie de la 2me classe du 1er groupe, il ne faut pas oublier que dans

(1) Land. Wurtemb. III, 11 § 11.
(2) Stobbe. *Geschichte des deutschen Vertragsrechts.* Leipzig, 1855.
(3) Landr. pruss. II 2 § 5. Loi pruss. 24 avril 1854, 19. — Landr. bavar. III, 12 § 2.

presque toutes les enfants nés de fiançailles sont assimilés aux enfants légitimes.

Rappelons enfin que partout (sauf en Bavière), l'action en recherche de paternité est repoussée par l'exception *plurium constupratorum.*

DEUXIÈME GROUPE. — *L'Enfant naturel n'a de Droits que sur la Succession de sa Mère.*

Font partie de ce groupe, les législations du groupe germanique :

Autriche, Saxe, Brunswick, Bade, et presque toutes les législations des cantons suisses :

Lucerne, Grisons, Zurich, Soleure, Saint-Gall, Zug, Schaffouse, Turgovie.

On peut y adjoindre la Roumanie (Code de 1884).

Les caractéristiques de ce groupe se rapprochent beaucoup de ceux de la deuxième classe du premier groupe.

1° La recherche de paternité est permise :

La Roumanie fait cependant exception à cette règle. Ce pays a adopté sur ce point le système du Code français.

2° L'enfant naturel est assimilé en ce qui concerne la succession de sa mère à l'enfant légitime.

3° Il hérite non seulement de sa mère, mais encore de ses parents maternels. L'Autriche et le canton de Lucerne n'admettent pas cependant ce principe.

Enfin, dans l'intérêt de la logique, nous croyons qu'à ces règles générales devrait s'adjoindre la règle suivante.

4° L'exception *plurium constupratorum* n'a aucun effet sur l'action en recherche.

Pour nous, c'est là l'explication et la justification du refus d'un droit sur la succession du père.

Cette règle est vraie pour les législations du groupe germanique, mais elle ne le sera plus bientôt, le projet de Code Civil allemand la faisant disparaître pour l'Allemagne entière. Comme elle n'a jamais été suivie d'une manière générale en Suisse, elle n'existera plus alors qu'à l'état de souvenir. Il y a là, croyons-nous, une déviation des principes généraux de la matière.

Troisième Groupe. — *L'Enfant naturel n'a aucun Droit de Succession.*

Ce groupe comprend les législations d'Angleterre, d'Ecosse, de Russie, et d'un certain nombre de cantons suisses : Berne, Uri, Schwitz, Oberwalden, Niederwalden.

Pour ces législations, l'enfant naturel, quelles que soient les preuves qu'il apporte de sa filiation, n'en est pas moins étranger à ceux dont légalement il est l'enfant. Son droit se borne à un droit alimentaire. Dans tous ces pays d'ailleurs l'enfant peut librement rechercher sa filiation.

Ce système produit des résultats assez curieux pour la légitimation par mariage subséquent, nous aurons à les étudier.

De cette étude de législation comparée résultent les deux règles suivantes, qui sont absolument générales :

1° Dans les pays où la recherche de paternité est interdite, avec ou sans exceptions, l'enfant naturel reconnu a les mêmes droits sur la succession de son père que sur celle de sa mère ;

2° Dans les pays où la recherche est permise, l'enfant

n'a de droits sur la succession de son père qu'à condition que l'action en recherche tombe devant la preuve faite de l'exception *plurium constupratorum*, et alors même il n'en a pas partout.

Nous dressons, des différents pays, un tableau alphabétique renvoyant aux groupes et classes de notre classification.

	Pays	
Allemagne	Bade	II
	Bavière	I.2
	Brunswick	II
	Palatinat	I.2
	Prusse	I.2
	Saxe	II
	Saxe-Weimar	I.2
	Wurtemberg	I.2
Amérique	Bolivie	I.1
	Brésil	I.1
	Chili	I.1
	Costa-Rica	I.1
	Honduras	I.1
	Louisiane	I.2
	Mexique	I.1
	Pérou	I.1
	Uruguay	I.1
Angleterre		III
Autriche		II
Belgique		I.1
Danemarck		I.2
Ecosse		III
Espagne		I.1

France		I.1
Haïti		I.1
Hollande		I.1
Italie		I.1
Norvège		I.2
Portugal		I.1
Roumanie		II
Russie		III
Suède		III
Suisse	Argovie	I.2
	Bâle	II
	Berne	III
	Glaris	I.2
	Grisons	II
	Genève	I.1
	Lucerne	II
	Neufchâtel	I.1
	Niederwalden	III
	Oberwalden	III
	Schaffouse	II
	Schwitz	III
	Saint-Gall	II
	Soleure	II
	Tessin	I.1
	Turgovie	II
	Unterwalden	I.2
	Uri	III
	Vaud	I.1
	Zug	II
	Zurich	II

CHAPITRE IV

ETUDE CRITIQUE DES DIFFÉRENTS SYSTÈMES PROPOSÉS

Quand on étudie les dispositions des différentes législations en ce qui concerne les droits successoraux des enfants naturels, on se trouve en présence de trois grands systèmes.

1° L'enfant naturel, même lorsque sa filiation est établie, n'a aucun droit sur la succession de ses auteurs.

2° L'enfant naturel n'a de droit que sur la succession de sa mère.

Ce système présente une variante qui consiste à accorder à l'enfant un droit sur la succession de son père, mais beaucoup moins considérable que sur celle de sa mère.

3° L'enfant naturel a des droits identiques sur la succession de ses deux auteurs.

Du premier système il y a peu de choses à dire. C'était celui de notre ancien Droit, il est encore en usage aujourd'hui dans quelques pays, mais aucune considération ne saurait le défendre, c'est la mise des enfants naturels hors la loi.

Le second système est appliqué par les pays qui reconnaissent la libre recherche de la paternité. Explicable chez ceux qui décident que si plusieurs hommes sont convaincus de fréquentation avec la mère, ils doivent être condamnés solidairement à s'occuper de l'enfant, il devient illogique chez les autres.

Il ne peut plus alors se justifier que par l'idée ancienne que si la mère est toujours certaine, le père ne l'est que dans l'état de mariage. La loi, tout en permettant à l'enfant d'établir sa filiation paternelle, tout en s'occupant d'assurer la valeur des preuves apportées à cet égard, semble toujours concevoir un soupçon sur leur authenticité. La logique parait cependant vouloir que du moment que la filiation paternelle est considérée comme légalement prouvée, cette filiation produise tous ses effets. Autrement le législateur se met en contradiction avec lui-même.

Les rédacteurs du projet de Code Civil allemand, qui ont reproduit ce système dans toute sa force, ont compris que l'argument tiré de la non certitude de la preuve de la paternité était sans valeur, et ils en ont cherché un autre. Les motifs du projet donnent pour raison de la différence établie entre le père et la mère, qu'en fait les enfants naturels demeurent étrangers à leur père, tandis qu'ils sont élevés par leur mère. C'est une explication insuffisante; l'éloignement des enfants naturels du père est une conséquence de la législation, on ne peut donc pas expliquer le principe même de cette législation par la conséquence qui en résulte.

On retrouve d'autre part dans les motifs du projet de Code Civil allemand, à propos de la reconnaissance telle que l'entend le Droit français, une phrase qui nous parait éclairer un peu la pensée des législateurs germaniques.

Voici cette phrase : « On ne saurait dire d'autre part que la reconnaissance répond à un besoin sérieux, car si le père se sent poussé à reconnaître son enfant par une affection réelle, la loi lui offre d'autres moyens de créer entre eux un lien de famille. » (1)

Il semble résulter de ceci que dans le système allemand le refus du droit successoral est basé sur la présomption de non affection du père pour son enfant naturel. Mais pourquoi alors établir une présomption contraire à l'égard de la mère?

Du moment que l'on admet qu'il n'existe aucun lien d'affection entre les parents et l'enfant naturel, c'est au premier système qu'il faut se rallier et refuser à l'enfant tout droit successoral *ab intestat.*

Les deux premiers systèmes écartés, on se trouve en présence du troisième système dont le point de départ est conforme à la morale et à la logique.

Les enfants naturels ont un droit sur la succession de leurs auteurs, et le droit est identique pour le père et la mère.

Ce principe admis, il s'agit de fixer la quotité du droit.

La première question qui se pose est de savoir si, parmi les héritiers légitimes, il y en a qui doivent exclure l'enfant naturel. Sur ce point on est à peu près d'accord : les lois modernes se basent, pour régler les successions *ab intestat,* sur l'affection présumée du défunt. Cette affection est évidemment plus forte pour les descendants que pour les autres parents, et, à ce point de vue, il n'y

(1) Motive, T. IV p. 852.

a aucune différence à faire entre les descendants légitimes et les descendants naturels.

Mais de graves controverses s'engagent sur le point de savoir si certains parents légitimes, sans exclure les enfants naturels, ne peuvent pas venir en concours avec eux.

Nous laissons de côté pour le moment les enfants légitimes, qui, évidemment, viennent en concours avec leurs frères ou sœurs naturels.

A défaut d'enfants légitimes, le droit des collatéraux et celui des ascendants légitimes est-il assez fort pour contrebalancer le droit de l'enfant naturel ?

La réponse à cette question semblerait devoir résulter de celle faite à cette autre question : pour qui l'affection du défunt doit-elle être présumée la plus forte? Or, à cette question il n'y a qu'une réponse possible.

Cependant le Code Civil permettait à tous les collatéraux sans distinction de venir en concours avec l'enfant naturel qui, en leur présence, ne prenait que les 3/4 de la succession, même s'ils étaient seulement au 12e degré.

C'est que les rédacteurs du Code avaient posé ce principe que, dans la naissance de l'enfant naturel, il y avait une faute originelle que l'affection des parents ne pouvait faire disparaitre, et que de cette faute l'enfant, quoique parfaitement innocent, devait être puni. La loi n'osant frapper le père, le frappait dans son enfant. De là, la réduction de la quotité de son droit et l'impossibilité de recevoir plus que la loi ne lui attribuait. Cette idée est fort ancienne. Bossuet l'exprime déjà dans toute sa force : « Punir les pères dans leurs enfants, dit-il, c'est les punir dans leur bien le plus réel; c'est les punir dans une partie d'eux-mêmes que la nature leur a rendue plus chère que leurs propres membres, en sorte qu'il n'est pas moins *juste* de punir un homme dans ses enfants que de le punir dans ses membres. » Le raisonnement est au moins discutable.

Le Sénat et la Chambre des députés, en votant la loi nouvelle, ont répudié cette idée. Cela résulte de l'abrogation presque complète de l'art. 908. Rien ne semblait plus dès lors s'opposer à l'application du principe général en matière de succession. C'est ce que comprit la Chambre des députés ou plutôt sa Commission, qui décida que l'enfant naturel exclurait tous les collatéraux.

Le Sénat, tout en semblant adopter les mêmes principes généraux que la Chambre, revint en arrière, et rendit aux frères et sœurs et à leurs descendants le droit de concourir avec les enfants naturels. Voici comment M. Dauphin justifie cette disposition dans son rapport : « Les frères et sœurs nés directement de parents communs, élevés ensemble dans une profonde intimité font, comme les ascendants, partie intégrante de la famille ; comme eux ils feront rentrer une portion des biens qui avaient été détachés du patrimoine dans un but familial, et ont été détournés de ce but par une paternité illégitime.

On ne saurait d'ailleurs comprendre que les frères et sœurs qui, dans les successions, sont préférés aux aïeux, soient dans une moins bonne situation qu'eux vis-à-vis des enfants naturels. »

La question souleva un vif débat au Sénat. M. Demôle et M. le garde des sceaux attaquèrent les conclusions du rapporteur. C'est qu'en effet les raisons données par M. Dauphin sont loin d'êtres concluantes. La première de ces raisons consiste dans l'affection qui lie le défunt à ses frères et sœurs. Or, si cette affection existe certainement, il n'est pas présumable qu'elle soit plus forte que celle que le père porte à son enfant naturel. Si, par hasard, ce phénomène se produit, le père peut laisser par testament ce qu'il veut à ses frères, sœurs ou neveux. Il ne faut pas confondre, en effet, le droit successoral de l'enfant naturel avec sa réserve.

Il y a de plus, dit M. Dauphin, présomption que les biens du défunt ont été détachés du patrimoine de la famille légitime ; il est donc juste qu'une partie de ces biens retournent à cette famille. On peut répondre à cet argument, d'abord, qu'il y aurait là un retour à l'ancienne règle de dévolution des successions suivant l'origine des biens, règle que le Code Civil a expressément abrogée. La présomption elle-même qui sert de base à l'argument est, de plus, loin d'être probante. Très souvent le défunt aura fait sa fortune lui-même, soit par son travail, soit en contractant un riche mariage. Dans ce cas, on ne voit pas ce que les frères et sœurs ont à prétendre sur cette fortune. Pour être logique il faudrait faire une distinction.

La troisième raison invoquée par M. Dauphin est la suivante :

Dans les successions ordinaires, les frères et sœurs sont traités comme les ascendants les plus favorisés, la présence d'un enfant naturel ne saurait changer l'ordre de préférence établi par le Code entre les héritiers. Le Sénat, reconnaissant aux ascendants un droit du quart de la succession en présence d'enfants naturels, doit, pour être logique, reconnaître le même droit aux frères et sœurs.

Cet argument n'a pas, même si on admet le bien fondé d'un droit en pleine propriété aux ascendants, une grande portée. La loi a, en effet, toujours fait aux ascendants une situation privilégiée même par rapport aux frères et sœurs. C'est ainsi que les ascendants sont réservataires tandis que les collatéraux ne le sont jamais.

Le principe du droit des ascendants donne d'ailleurs lui-même lieu à des difficultés. Il y a en effet, deux manières de justifier ce droit.

La première consiste à dire : La famille légitime conserve, en présence de l'enfant naturel, un droit à la succession. Les ascendants, quand ils existent, sont censés représenter la famille légitime, et, comme tels, prennent la part réservée à cette famille.

C'est le système que le Sénat a adopté en accordant aux ascendants le quart de la succession en pleine propriété.

Dans toute la discussion de la loi, le Sénat a semblé oublier que lui-même avait nié le droit de la famille légitime, en permettant les dispositions testamentaires en faveur de l'enfant naturel.

Il est à remarquer que l'ensemble du système voté par le Sénat est très peu favorable aux ascendants.

En effet, d'après ce système, l'enfant naturel, en concours avec des ascendants ou des frères et sœurs et descendants d'eux, prend les 3/4 de la succession, les ascendants, et les frères et sœurs se partagent le 1/4 restant. Or, le partage doit se faire d'après les règles établies par le Code

Civil, M. Dauphin l'a lui-même reconnu (1). Il en résulte que si les ascendants sont seuls, quel que soit leur degré, ils prendront le 1/4 tout entier ; de même si les frères et sœurs sont seuls.

Mais si des frères et sœurs sont en concours avec des ascendants, la part de ces derniers devient très faible. En effet, si les frères et sœurs sont en concours avec le père et la mère du défunt, les frères et sœurs prendront la moitié du 1/4, soit 1/8 ; le père et la mère se partageront l'autre 1/8, ils auront donc 1/16 chacun.

C'est d'ailleurs à ce 1/16 que sera réduite la part du père ou de la mère qui se trouvera en présence des frères et sœurs.

Si, au lieu d'être le père et la mère du défunt, ce sont d'autres ascendants qui se trouvent en concours avec des frères et sœurs, ils seront complètement exclus par ces derniers, qui prendront tout le 1/4 afférent à la famille légitime.

On voit que la part qu'ils recueilleront dans la succession de leur ascendant n'empêchera pas les ascendants de mourir de faim, pendant que les enfants naturels vivront dans l'abondance, comme l'avait espéré M. le rapporteur de la loi.

Il est à remarquer que la loi a fixé au 1/8 de la succession la réserve des ascendants, et que cependant, dans le cas dont nous venons de nous occuper, même lorsqu'il n'y a aucune disposition testamentaire, l'ascendant le plus privilégié n'a droit qu'à 1/16 de la succession.

(1) Sénat. Session ordinaire de 1895. *Journ. off.* pag. 208.

Le second système ne présente pas ces inconvénients et permet, dans tous les cas, de distinguer le droit des ascendants de celui des frères et sœurs. Il se base sur cette idée qu'il serait peu moral de voir un ascendant dans une situation gênée, tandis que ses petits-enfants vivraient dans l'abondance. Cette situation ne peut jamais se produire en face d'enfants légitimes, grâce à l'obligation alimentaire qui existe entre ascendants et descendants légitimes. Cette obligation ne saurait lier l'enfant naturel dont la famille est limitée à ses auteurs. C'est elle que le droit successoral, accordé aux ascendants en présence d'enfants naturels, a pour but de remplacer.

Deux systèmes ont été proposés pour réglementer le droit des ascendants une fois son caractère alimentaire admis. L'un, et c'était celui adopté par la Chambre des députés, consistait à reconnaitre aux ascendants, et cela dans tous les cas, un droit d'usufruit sur la moitié de la succession. Ce droit était en même temps une réserve.

Le second système est préférable en ce qu'il tient compte de cette idée qu'un droit vraiment alimentaire ne doit prendre naissance que quand celui au profit duquel il est institué en a besoin. Il a été proposé au Sénat par M. Thézard.

Ce système consiste à introduire en faveur des ascendants, dans le cas qui nous occupe, une disposition analogue à celle édictée par la loi de 1891 en faveur du conjoint par modification de l'art. 205 du Code Civil. La loi de 1891 a décidé que le conjoint survivant aurait droit à des aliments qui ne seraient pas dûs par les héritiers de l'époux décédé, ceux-ci n'étant pas personnellement les débiteurs alimentaires du survivant, mais qui seraient à la charge de la succession.

Il est à remarquer d'ailleurs que tout ce débat a plutôt un intérêt théorique que pratique. En effet, lorsque dans le système de la loi nouvelle, les ascendants sont exclus ou réduits à une part très faible par le concours des frères et sœurs du défunt, ils le sont par leurs propres petits-enfants qui sont tenus envers eux de l'obligation alimentaire.

Il n'en reste pas moins vrai que l'esprit même de la loi tend à faire reconnaître au droit des ascendants un caractère strictement alimentaire. Les frères et sœurs ne pouvant prétendre à un droit d'une telle nature, il semble qu'on devrait leur refuser tout droit de succession en présence d'enfants naturels.

Ceux-ci, primant tous les collatéraux, viendraient seulement en concours avec les enfants légitimes.

Ici se pose la grosse question de savoir si l'on doit assimiler, au point de vue de la quotité, le droit de l'enfant naturel à celui de l'enfant légitime.

Cette assimilation n'a été admise ni à la Chambre, ni au Sénat quoiqu'elle fît partie de la proposition de loi qui donna lieu au texte voté aujourd'hui, et qui avait été déposée par MM. Letellier, Jullien et Rivet. La Commission nommée par la Chambre des députés refusa de s'associer à ce principe, qui cependant n'était pas nouveau dans nos lois, puisque c'était celui de la loi de brumaire an II, et les auteurs de la proposition crurent devoir s'incliner devant cette décision. L'un d'eux, M. Jullien, devint même le rapporteur de la proposition de loi qui remplaça la sienne et qui fut votée sans débats.

Au Sénat, la question fut reprise par MM. Demôle et Tollain, qui déposèrent un contre-projet qui fut défendu à la tribune de cette assemblée par M. Demôle, mais sans succès.

Le droit de l'enfant naturel à l'assimilation est cependant certain. Nous laissons la parole à M. Demôle : « A côté du principe de justice et d'égalité, il y a certainement cette idée, qui se présente tout de suite à l'esprit, que l'ordre de succession est fondé, la loi n'a jamais fait de difficulté pour le reconnaitre, sur l'affection présumée du défunt. Il est impossible de supposer que le père ait pour son enfant naturel le tiers de l'affection qu'il a pour son enfant légitime, » et plus loin : « lorsque vous fondez les droits des enfants naturels sur les bases que le Code Civil a établies, vous méconnaissez ce principe que le père naturel est réputé avoir pour son enfant naturel la même affection, la même tendresse, les mêmes devoirs que pour son enfant légitime. »

Ce droit, les adversaires mêmes du contre-projet ne le contestent pas, seulement ils pensent qu'il est annihilé par des considérations d'intérêt supérieur. Ces considérations se résument dans l'intérêt de la famille légitime, et dans celui du mariage.

Voici comment M. Dauphin justifie l'intérêt de la famille légitime : « Auprès du devoir paternel et de la présomption d'affection égale, il y a le devoir social. Toutes les sociétés modernes ont pour base principale la famille légitime. Le contre-projet de M. Demôle bouleverse la famille légitime, l'absorbe dans une nouvelle sorte de famille, famille aux portes largement ouvertes, dans laquelle le père fait entrer et confond pêle mêle à son gré enfants légitimes, enfants naturels nés avant le mariage, enfants naturels nés après le mariage, et dont les mères parfois différentes peuvent exister en même temps, et se coudoyer, enfants issus de relations passagères, de pleine débauche, enfants mêmes dont la paternité n'est qu'un mensonge et la reconnaissance arrachée à la faiblesse et à la passion. » On peut noter, en passant, cet aveu de l'imperfection du système de la reconnaissance auquel cependant le législateur refuse de toucher.

Ce tableau est peu flatteur, et si l'assimilation proposée devait conduire à de pareils résultats, on pourrait en effet hésiter à en adopter le principe. Il semble cependant qu'il y a un peu d'exagération. La famille n'est plus organisée de nos jours comme elle l'était dans les sociétés primitives. En ce qui concerne le mariage particulièrement, l'enfant peut aujourd'hui se marier malgré le refus de consentement de ses parents. La tendance moderne est de diminuer encore les très faibles garanties organisées à cet égard par le Code Civil, ainsi qu'il ressort d'une proposition de loi, récemment déposée, tendant à diminuer le nombre des sommations respectueuses. Il en résulte que quelle que soit la moralité de la femme qu'il a choisie, l'homme peut, par le mariage le plus légitime, la faire entrer dans la famille. Il nous semble qu'il est encore préférable de n'y faire entrer que l'enfant. La cérémonie du mariage devient dans ces conditions, une simple formalité. Est-il juste, est-il même utile, de faire produire à l'absence de cette formalité un effet aussi considérable vis-à-vis de l'enfant qui n'était certes pas là pour veiller à son accomplissement ?

Le deuxième intérêt invoqué est celui du mariage. Deux questions sont à examiner.

La législation actuelle pousse-t-elle au mariage? on l'a prétendu en faisant le raisonnement suivant. L'homme. que la loi suppose pourvu de toutes les qualités morales, se dira au moment de préparer la naissance d'un enfant naturel : cet enfant qui va naitre de moi sera, dans le monde, dans une situation inférieure à celle des enfants légitimes que je pourrais avoir, cependant il sera innocent ; je vais donc commettre un acte blâmable que je dois éviter. Et les affections de l'homme, détournées par la voix de la conscience des liaisons illégitimes, se reporteront vers le mariage légitime.

S'il en était ainsi, ce serait parfait, malheureusement il y a un autre raisonnement possible. L'homme pourra se dire : cet enfant qui est né, je ne suis pas sûr d'en être le père, et cela est si vrai que la loi ne permet pas qu'on me recherche. En tout cas j'ai la ressource de le reconnaitre, et, en lui donnant les droits que cette reconnaissance fera naitre à son profit, je serai un parfait honnête homme, puisque je pouvais ne rien faire du tout.

Le raisonnement est moins moral, mais plus humain ; les statistiques tendent aussi à faire croire qu'il est le plus fréquent.

La deuxième question qui se pose est celle-ci : l'assimilation des enfants naturels aux enfants légitimes porterait-elle atteinte à la sécurité du mariage légitimement contracté ? Il est évident en effet qu'entre l'intérêt de la femme légitime et celui de l'enfant naturel, si ces deux intérêts étaient contraires, on pourrait au moins hésiter. Deux arguments ont été produits à cet égard par M. Dauphin; les voici.

« Voici un père de famille qui a doté son fils ou sa fille à la veille du mariage, dans le but à coup sûr de créer une famille légitime : la mort ou le divorce dissolvent le mariage, et parce qu'un des époux, après que le mariage est dissous, reconnaitra un enfant naturel né avant ou après le mariage, cet enfant naturel viendra partager avec l'enfant légitime, dans une égale proportion, la dot qui a été constituée? je ne puis accepter cela ».

Et plus loin : « Il y a eu des bénéfices de communauté, ils sont dus aux efforts communs des deux époux, souvent de l'un seulement; dus au travail du mari, malgré les prodigalités de la femme, à l'économie de la femme, malgré les dissipations du mari; et, à la dissolution de la communauté, ces acquêts, qui sont l'œuvre de celui qui n'est plus, appartiendront par moitié à l'enfant légitime que le défunt a laissé et à l'enfant naturel qui n'a pas été, c'est trop clair, compris dans les prévisions d'économie et de travail de l'un et de l'autre! je ne puis encore accepter cela. »

A ces arguments on peut répondre, croyons-nous, par les considérations générales suivantes :

Lorsque l'art. 337 protège la femme légitime contre les reconnaissances postérieures au mariage d'enfants nés antérieurement à lui, il sanctionne un principe absolument juste. Le mariage est un contrat où le consentement des parties est nécessaire. Or, il est certain que ce consentement a été vicié par l'ignorance où est resté un des contractants d'un fait aussi grave que l'existence d'un enfant naturel. La loi aurait pu, dans ces conditions, admettre la nullité du mariage, elle a préféré défendre le conjoint trompé contre les conséquences de la reconnaissance. Elle n'a peut-être même pas fait assez, comme l'a fait remarquer M. Demôle, en n'exigeant pas que les reconnaissances soient mentionnées en marge de l'acte de naissance des parents, les fraudes sont trop faciles.

Mais là doit s'arrêter l'ingérence de la loi. Une fois le consentement au mariage valablement donné par les époux et par ceux qui doivent les diriger, tout est fini. Cela est si vrai que jamais on n'a songé à protéger les enfants ni le conjoint contre les dissipations que l'autre conjoint fait de sa propre fortune. De même, un des époux peut, après la dissolution d'un premier mariage, se remarier, et laisser la plus grande partie d'une fortune, qu'il peut même tenir de la faiblesse de son premier conjoint, aux enfants du second lit, au détriment de ceux du premier.

Ce sont là des éventualités auxquelles, certes, les époux n'ont pas pensé s'exposer quand ils ont contracté mariage, mais qui sont possibles, fréquentes même, et autrement dangereuses que celles résultant de la reconnaissance d'un enfant naturel. Pourquoi la loi, muette dans tous les autres cas, interviendrait-elle seulement lorsque la présence d'un innocent rend son silence encore plus explicable? L'homme et la femme qui agissent ainsi sont de malhonnêtes gens, mais leurs actes semblent relever plutôt de la conscience publique que de la loi écrite.

Il semble donc qu'aucune considération vraiment irréfutable ne s'oppose à l'assimilation complète des droits des enfants naturels à ceux des enfants légitimes. Mais faut-il pousser cette assimilation plus loin, et faire de l'enfant naturel l'héritier *ab intestat* des parents de ses auteurs ? Cela, nous ne le pensons pas. C'est qu'en effet, nous l'avons déjà dit, la succession *ab intestat* doit être réglée suivant l'affection présumée du défunt. Or, si l'argument qu'on tire de cette règle est bon quand il a pour effet d'être utile à l'enfant naturel, la logique veut qu'il le soit également quand il lui est nuisible. On doit reconnaitre que d'une façon générale il n'existe aucun sentiment d'affection entre les parents légitimes des auteurs de l'enfant naturel et cet enfant. Si par hasard cette affection existe, le testament est là pour permettre aux parents de la témoigner. On doit ajouter que si cette dernière assimilation était faite on aurait peut-être raison de dire que l'union libre est venue remplacer le mariage légitime.

Cette assimilation avait été accomplie par la loi du 11 brumaire. Les auteurs des propositions de loi déposées à la Chambre et au Sénat ne l'ont pas demandée. M. Demôle l'a même combattue à la tribune. En Belgique, elle fait partie de l'avant-projet de revision de M. Laurent, mais elle a été supprimée dans le projet rédigé dans le même pays par M. Van Berchem.

Il est à remarquer qu'à l'étranger elle n'existe généralement que dans les pays qui refusent à l'enfant un droit sur la succession de son père. Elle semble prendre alors le caractère d'une compensation de ce refus.

APPENDICES

APPENDICE I

Des Enfants adultérins et incestueux

Dans toute cette étude nous n'avons parlé que d'enfants naturels simples, c'est-à-dire issus d'une union que la volonté des parents aurait pu transformer en mariage légitime.

A côté de ces enfants, il faut placer les enfants adultérins et incestueux, auxquels le Code Civil a fait une position particulièrement défavorable.

Notre ancien Droit n'avait jamais pensé à faire cette distinction. Tous les enfants, qu'ils fussent adultérins ou non, avaient le droit de réclamer des aliments à leurs parents.

La Convention ne crut pas devoir, malgré l'opinion de Cambacérès, accorder aux enfants adultérins et incestueux, les droits considérables que le décret du 12 brumaire reconnaissait aux enfants naturels simples. Elle limita leur droit au tiers en propriété de la portion d'un enfant légitime.

En même temps, naissait le principe qui devait empêcher la reconnaissance de ces enfants.

Sous l'empire du Code Civil, la situation des enfants adultérins ou incestueux est la suivante :

1° Ils ne peuvent, en aucun cas, prouver leur filiation. Si cependant cette filiation se trouve établie, elle ne fait naitre à leur profit qu'un droit alimentaire.

2° Leurs parents ne peuvent pas les reconnaitre.

Il résulte de ce que la filiation adultérine et incestueuse est en principe légalement inconnue, que les enfants sont des étrangers pour leurs parents qui, comme tels, peuvent leur donner par acte entre vifs ou testamentaire toute la quotité disponible.

Mais en sera-t-il ainsi même lorsque les parents, au mépris de la loi, auront reconnu l'enfant? La reconnaissance, quoique légalement sans valeur, n'aura-t-elle pas pour effet de faire tomber les libéralités faites à l'enfant? La question est très controversée.

Il existe une autre controverse sur le point de savoir quand la filiation adultérine ou incestueuse peut être considérée comme légalement établie. La loi, en décidant dans l'art. 762 que l'enfant n'aurait jamais droit qu'à des aliments, a reconnu que dans certains cas, ces aliments pourraient être réclamés, mais elle néglige d'indiquer ces cas. Les interprètes sont loin d'être d'accord.

La situation particulière faite aux enfants adultérins et incestueux est la conséquence de ce principe recueilli dans l'ancien Droit par les rédacteurs du Code, malgré leur dédain apparent pour tout ce qui datait d'avant la Révolution : que l'enfant doit être puni de la faute de son père. La punition doit toujours être proportionnelle à la faute.

Chabot a dit à cet égard : « La loi ne s'occupe qu'avec regret des enfants adultérins et incestueux. Ils existent, il faut bien qu'elle leur assure des aliments, mais elle ne leur confère aucun autre droit. Le crime qui leur a donné naissance ne permettait pas de les traiter comme les enfants nés de personnes libres » (1). Chabot considère donc l'adultère et l'inceste comme des crimes.

Il est curieux de rapprocher de l'avis de Chabot celui de M. Demôle, donné à près d'un siècle de distance : « L'inceste et l'adultère sont des faits délictueux : l'adultère est puni de peines correctionnelles ; il est interdit à la femme comme à l'homme de se livrer à des relations avec les personnes de leur entourage. L'inceste entre proches parents, est nettement réprouvé par les dispositions même de la loi, qui interdisent toute possibilité de mariage entre eux. Quelque pitié, quelque générosité que l'on éprouve pour l'enfant innocent né de ce commerce, on ne peut pas cependant s'y arrêter, parce qu'il y a un intérêt moral et supérieur à ce que des enfants nés dans des conditions que la loi réprouve, ne jouissent pas des avantages de ceux nés dans des conditions où la loi n'a rien à voir » (2).

L'idée est également la même, seulement pour M. Demôle, l'inceste et l'adultère sont plutôt des délits que des crimes.

Dans notre Droit tous les délits sont sanctionnés par des peines correctionnelles, c'est d'ailleurs la définition même du délit.

Si l'on consulte le Code Pénal, on voit que le prétendu délit d'inceste n'est pas réprimé. Les mariages entre proches parents sont prohibés, mais seulement pour empêcher la

(1) Chabot, Rapport n° 28 (Locré t. V, p. 119.)
(2) Sénat, Séance du 18 mars 1895, *Journal officiel*, p. 200.

dégénérescence de la race. L'opinion publique s'est habituée à voir dans ces alliances un défi jeté à la morale. L'absence de sanction pénale semble faire croire que la loi n'a jamais été guidée par cette idée. On peut ajouter qu'une autorisation gouvernementale suffit souvent pour rendre licite une liaison incestueuse.

Pour l'adultère, la situation est à peu près la même. Il ne saurait être en effet question que de l'adultère du mari, l'enfant né de la faute d'une femme mariée étant, en général, protégé par la maxime : « *Pater is est quem justæ nuptiæ demonstrant.* »

Le Code Pénal ne punit l'adultère du mari que lorsque la concubine est entretenue dans le domicile conjugal, et même en présence de cette aggravation, la peine encourue n'est jamais qu'une amende. Il faut remarquer de plus que la poursuite ne peut jamais être exercée que sur la plainte de la femme.

Sont-ce là les caractères d'un véritable délit dont la répression serait fondée sur des considérations d'ordre public? Il est permis d'en douter. L'adultère n'est qu'un délit privé.

Il lèse les intérêts de la femme, et comme il est impossible d'accorder à celle-ci des dommages et intérêts, la loi lui donne la satisfaction de voir l'époux infidèle condamné à une amende.

Le système du Code paraît donc être le suivant : l'inceste et l'adultère ne sont pas des faits suffisamment graves pour porter atteinte à l'intérêt général, et ne peuvent par suite donner lieu à une répression pénale. Mais leur fréquence est scandaleuse, et pourrait devenir nuisible à la morale publique.

De crainte d'être obligé de sévir, le législateur refuse de voir ce qui se passe. Pour lui, l'inceste et l'adultère n'existent pas. La reconnaissance volontaire ou forcée des enfants issus de ces liaisons viendrait, en révélant le scandale, déranger tout ce système, il suffit de l'interdire, c'est ce qu'a fait la loi.

Il nous semblerait beaucoup plus moral de punir les coupables, le mariage lui-même y gagnerait en sécurité.

Il est assez curieux d'observer comment M. Laurent a résolu la question de la filiation adultérine ou incestueuse dans son avant-projet de revision du Code Civil belge, document presqu'officiel.

Dans le système de l'avant-projet il n'y a point, légalement parlant, d'enfants adultérins ni incestueux, il n'y a que des enfants naturels. La maternité s'établit par l'acte de naissance dans lequel le nom de la mère est indiqué, mais il est défendu, sous peine de nullité, à l'officier de l'état civil, de recevoir et de constater des déclarations d'où l'on pourrait induire que l'enfant est adultérin. De même la possession d'état n'implique pas la preuve de l'adultérinité ; si un jugement intervient en cette matière, il devra seulement déclarer que l'enfant jouit de la possession d'état d'enfant naturel, mais sans constater que le père est marié à une autre personne que la mère.

La même idée s'applique à toutes les actions auxquelles la filiation naturelle peut donner lieu.

On voit qu'il y a là une extension du principe qui nous parait avoir guidé les rédacteurs du Code Civil, seulement l'enfant est appelé comme ses parents à profiter de la complaisance de la loi. L'idée est ingénieuse, on peut cependant lui reprocher d'être un peu trop transactionnelle.

En tous cas, à notre avis, il faudrait faire disparaître la disposition de l'avant-projet qui refuse à l'enfant le droit de se prévaloir d'un acte dont l'adultérinité résulterait (1).

LÉGISLATION COMPARÉE

La majorité des Codes étrangers fait à l'enfant adultérin ou incestueux une situation plus défavorable qu'à l'enfant naturel simple.

1° Les enfants adultérins ou incestueux n'ont aucun droit. La Bavière, le Wurtemberg, le Palatinat, la Suède, la Norvège, le Danemark, le Portugal, la Roumanie, le Chili, la Bolivie, l'Uruguay, ne reconnaissent aux enfants adultérins ou incestueux aucun droit. On peut rattacher à ce groupe, la France, la Belgique, la Hollande, les cantons de Genève, Neufchâtel et de Vaud, qui, tout en reconnaissant à ces enfants un droit alimentaire, ne leur permettent pas de faire valoir ce droit.

2° Les enfants ont droit à des aliments.

Les Codes espagnols et italiens, tout en suivant le système du Code français, permettent à l'enfant de réclamer les aliments.

Le Code espagnol pose dans l'art. 139 le principe : « Les enfants adultérins et incestueux n'ont droit qu'à des aliments, » mais l'art. 140 les autorise à réclamer ces aliments dans tous les cas où, en tant qu'enfants naturels simples, ils peuvent établir leur filiation, cas

(1) Avant-projet. Art. 331 à 335.

fort nombreux, nous l'avons vu. La reconnaissance volontaire est interdite à leur égard.

L'art 193 du Code italien renferme à peu près les mêmes dispositions, le voici : « Dans le cas où la reconnaissance est interdite, l'enfant n'est jamais admis à la recherche ni de la paternité, ni de la maternité.

Toutefois, l'enfant naturel aura toujours l'action pour obtenir des aliments :

1° Si la paternité ou la maternité résulte indirectement d'un jugement civil ou criminel ;

2° Si la paternité ou la maternité résulte d'un mariage déclaré nul ;

3° Si la paternité ou la maternité résulte d'une déclaration expresse contenue dans un écrit émané du père ou de la mère ».

Il est à remarquer que cette déclaration écrite est véritablement une reconnaissance, et une reconnaissance plus facile que celle des enfants naturels simples, puisqu'on n'exige pas que l'écrit soit authentique. Les enfants adultérins n'ont droit qu'à des aliments, mais la preuve de leur filiation est non seulement permise, mais encore simplifiée.

3° *Les enfants adultérins sont assimilés aux enfants naturels simples.*

Très peu de Codes sont allés jusqu'à assimiler les enfants adultérins ou incestueux aux enfants naturels simples. On peut cependant citer les lois anglaises, prussiennes et autrichiennes.

C'est là le système adopté par le projet de Code Civil allemand.

APPENDICE II

De la Légitimation

La légitimation est une faveur de la loi par laquelle les enfants naturels obtiennent, dans certains cas, la situation d'enfants légitimes. La tache de leur naissance est considérée comme effacée.

La légitimation peut se concevoir de deux manières différentes : par mariage subséquent, ou par déclaration légale.

I. — *Légitimation par Mariage subséquent.*

La légitimation par mariage subséquent est la seule admise par le Code Civil français. Lorsque des personnes se marient, les enfants, nés de leur liaison antérieurement au mariage, sont censés, par suite d'une fiction légale, nés seulement après le mariage. Leur naissance devient alors légitime (art. 333).

Outre le mariage des parents, deux conditions sont requises par la loi pour que la légitimation se produise.

1° Les enfants doivent avoir été reconnus par leurs deux auteurs avant le mariage ou au plus tard dans l'acte de célébration.

2° Les enfants ne doivent pas être nés d'un commerce adultérin ou incestueux (art. 332).

On peut remarquer que cette dernière condition est contraire à la fiction légale établie par l'art. 333. Elle serait naturelle au contraire dans un système de législation où la célébration du mariage serait censée fictivement reportée au jour de la naissance de l'enfant; il faudrait alors nécessairement que le mariage eût été possible à ce jour. Cette fiction n'est pas, nous l'avons vu, celle admise par le Code Civil. La disposition qui nous occupe ne peut alors s'expliquer que par la haine particulière portée par le législateur aux enfants adultérins ou incestueux.

La jurisprudence en a amoindri l'effet en décidant que les enfants nés hors mariage de personnes qui, en raison de la parenté ou de l'alliance, ne peuvent se marier ensemble qu'en vertu de dispenses, sont légitimés par le mariage de leurs père et mère qui ont obtenu les dispenses nécessaires.

Cette décision revient à faire dire au Code que les enfants incestueux ne peuvent être légitimés par mariage subséquent quand ce mariage ne peut avoir lieu. Il est douteux que Bigot-Priameneu n'ait eu en vue que la constatation de cette naïveté, quand il demanda que l'on substituât dans le texte de l'article les mots « enfants incestueux ou adultérins », aux termes « enfants autres que ceux nés d'un commerce entre personnes libres. »

La doctrine de la jurisprudence s'appuie sur l'ancien Droit qui faisait une distinction analogue. Nos anciens auteurs disent, en effet, que les dispenses avaient un effet rétroactif quant à la légitimation, lorsqu'il s'agissait de dispenses faciles à obtenir, et alors seulement. Les dispenses étaient difficiles à obtenir lorsque la prohibition au mariage résultait des lois divines, or, le pape lui-même ne pouvait accorder de dispenses pour les mariage d'oncle et nièce, de beau-frère et belle-sœur. Elles étaient au contraire faciles à obtenir lorsque la prohibition résultait seulement des lois civiles (1).

Les partisans de ce système ajoutent qu'il serait immoral de voir des enfants nés des mêmes personnes, les uns légitimes, les autres incestueux. On peut répondre que, d'une part, la loi elle-même a pris soin d'éviter le scandale en interdisant la reconnaissance des enfants incestueux. Or cette reconnaissance est nécessaire pour la légitimation. Il faudrait alors, pour être logique, décider que seuls sont incestueux les enfants dont les parents n'auraient pu obtenir de dispense pour leur mariage. La situation est d'autre part exactement la même pour les enfants adultérins. En effet si un homme, marié déjà, épouse, après la mort de sa femme, sa maitresse, l'enfant qu'il aura eu de ses relations adultérines avec celle-ci ne pourra être légitimé. Personne n'a pensé à décider que le Code permit cette légitimation.

La légitimation par mariage subséquent était déjà admise par l'ancien Droit français, qui l'avait empruntée lui-même au Droit romain. Cependant la reconnaissance expresse de l'enfant n'y était pas nécessaire. Le simple mariage subséquent des père et mère attribuait aux enfants le bienfait de la légitimation, et cela même lorsque leur

(1) Guyot, *Répert.* 10, p. 114 ; Pothier, *Cont. de mariage*, § 414.

filiation se trouvait seulement établie postérieurement au mariage, pourvu que la naissance fût antérieure.

En résumé, d'après le système actuel, les parents peuvent légitimer leurs enfants naturels par leur mariage, mais ne sont pas forcés de le faire.

Législation comparée

Toutes les législations, sauf l'Angleterre, admettent le principe de la légitimation par mariage subséquent ; mais ce principe n'est pas partout appliqué comme en France.

C'est ainsi que la Suisse, l'Allemagne, l'Autriche, l'Espagne, le Portugal, etc... considèrent la légitimation comme une conséquence nécessaire et forcée du mariage des parents. Il suffit à l'enfant de prouver, à un moment quelconque, sa filiation, dans les cas naturellement où cette preuve est possible, pour jouir du bénéfice de la légitimation.

La loi fédérale du 24 décembre 1874 sur l'état civil, qui régit la Suisse entière à cet égard, va même plus loin, et ordonne au père de déclarer à l'officier de l'état civil au moment du mariage les enfants nés antérieurement à lui. Voici l'art. 41 de cette loi : « Les époux doivent déclarer à l'officier de l'état civil du lieu de leur domicile, au moment du mariage, ou au plus tard, dans le délai de 30 jours, les enfants qu'ils auraient eus auparavant et, qui sont légitimés par leur mariage subséquent.

Toutefois, si, pour un motif quelconque, cette déclaration n'a pas été inscrite, il ne peut résulter de cette omission aucun préjudice pour les droits des enfants nés avant le mariage. »

D'autre part, en Suisse, en Allemagne et en Autriche, les enfants adultérins ne sont soumis à cet égard à aucune déchéance spéciale. On n'exige pas que les parents fussent en état de se marier lors de la conception, mais comme il faut nécessairement que le mariage ait pu avoir lieu par la suite, et comme la loi de 1875 ne permet pas, en Allemagne, la délivrance de dispenses pour empêchement résultant de la parenté, les enfants incestueux ne peuvent jamais y être légitimés par ce moyen.

La légitimation par mariage subséquent n'existe pas, avons-nous dit, en Angleterre. Ce n'est là qu'une conséquence rigoureuse, mais juste, du principe admis par le Droit anglais que le bâtard est *filius nullius.* Il serait illogique, en effet, qu'un homme et une femme, en se mariant, pussent élever au rang d'enfants légitimes une personne qui, légalement, n'a ni père ni mère.

2. — *Légitimation par Déclaration légale*

La légitimation par mariage subséquent ne peut avoir lieu que quand le mariage des parents est possible. Le contraire peut souvent arriver. Aussi la plupart des législations ont-elles organisé une légitimation qui a pour but de permettre aux parents de légitimer leurs enfants naturels dans tous les cas. Il suffit en général d'une demande adressée à cet effet par les parents au pouvoir exécutif le plus souvent, quelquefois cependant au pouvoir législatif. C'est ainsi qu'en Angleterre une loi est toujours nécessaire pour légitimer un bâtard.

En général, l'obtention de la légitimation par rescrit est

limitée aux cas où celle par mariage subséquent serait impossible. Les Codes néerlandais (330), italien (709), espagnol (125), de Zurich (709), sont dans ce sens.

Les Codes prussiens, bavarois, saxons, autrichiens (162) ne font pas cette distinction ; le rescrit de légitimation peut toujours y être obtenu, mais le pouvoir exécutif est toujours libre de la refuser. C'est la solution du projet de Code Civil allemand. Les rédacteurs du projet se sont exprimés ainsi à cet égard : « Les considérations qu'on pourrait faire valoir contre la facilité relative avec laquelle la légitimation par rescrit peut s'obtenir, perdent de leur poids si l'on songe que la légitimation exige une décision des pouvoirs publics (art. 1583) et peut être refusée par eux en l'absence de tout empêchement légal (art. 1592) » (1).

L'enfant naturel qui a obtenu la légitimation par déclaration légale est en général assimilé à un enfant légitime par rapport à celui de ses auteurs qui a demandé la légitimation.

Il n'en est cependant pas ainsi en Espagne, où l'enfant légitimé n'a que les droits d'un enfant naturel reconnu. On ne comprend pas dans ce Code l'utilité de la légitimation qui semble faire double emploi avec la reconnaissance. Il est cependant à remarquer que les enfants adultérins et incestueux peuvent être légitimés, mais non reconnus.

La légitimation par ordonnance royale existait dans l'ancien Droit français. Le Code Civil l'a supprimée sans raison, croyons-nous.

(1) Motive. t. IV. p. 930.

INDEX

PROPOSITION DE LOI VOTÉE PAR LA CHAMBRE DES DÉPUTÉS

ARTICLE PREMIER

Les art. 756, 757, 758..... du Code Civil sont abrogés et remplacés par les dispositions suivantes :

Art. 756. — L'enfant naturel est appelé en qualité d'héritier à la succession de son père ou de sa mère décédés, lorsqu'il a été légalement reconnu.

Il exerce son droit héréditaire dans les proportions fixées par les articles suivants.

La loi ne lui accorde aucun droit sur les biens des parents de ses père ou mère.

Art. 757. — Lorsqu'il se trouvera en concours avec des descendants légitimes, l'enfant naturel légalement reconnu aura droit à la moitié de la part héréditaire qu'il aurait été appelé à recueillir s'il eût été légitime.

Pour opérer ce partage, il suffira de supposer le nombre des enfants légitimes double de ce qu'il sera réellement, d'y ajouter celui des enfants naturels et de faire autant de parts égales qu'il sera censé alors y avoir d'enfants ; chaque enfant naturel prendra une part, chaque enfant légitime en prendra deux.

Lorsqu'il n'y aura pas de descendants légitimes, mais seulement un ou plusieurs ascendants, l'enfant naturel légalement reconnu aura droit à la moitié de la succession en pleine propriété, et à la nue propriété de l'autre moitié. Le ou les ascendants auront, dans tous les cas, nonobstant toute disposition entre vifs ou testamentaire, droit à l'usufruit de cette seconde moitié.

Art. 758. — A défaut de descendants ou d'ascendants légitimes du défunt, l'enfant naturel légalement reconnu aura droit à la totalité de la succession.

ARTICLE DEUX

Les art. 760, 761 et 773 du Code Civil sont abrogés.

ARTICLE TROIS

L'art. 908 du Code Civil est modifié de la manière suivante :

Les enfants naturels ne pourront rien recevoir par donations entre vifs au delà de ce qui leur est accordé par les art. 756, 757 et 758.

Le père ou la mère qui les a légalement reconnus pourra, lorsqu'ils se trouvent en concours avec des descendants légitimes, léguer à chaque enfant naturel une part d'enfant légitime sans qu'en aucun cas, un enfant naturel puisse recevoir plus qu'une part d'enfant légitime, le moins prenant.

L'art. 723 du Code Civil est modifié de la manière suivante :

La loi règle l'ordre de succéder entre les héritiers légitimes ; à leur défaut, les biens passent au conjoint survivant, ensuite aux frères et sœurs naturels ou à leurs descendants légitimes ; ou, s'il n'y en a pas, à l'État.

L'art. 724 du Code Civil est modifié de la manière suivante :

Les héritiers légitimes sont saisis de plein droit des biens, droits et actions du défunt, sous l'obligation d'acquitter toutes les charges de la succession ; l'époux survivant, les frères ou sœurs naturels ou leurs descendants légitimes et l'État, doivent se faire envoyer en possession.

L'art. 767 du Code Civil est modifié de la manière suivante :

Lorsque le défunt ne laisse pas de parents au degré successible, ni enfants naturels légalement reconnus et, par suite, appelés à lui succéder, les biens de la succession appartiennent au conjoint non divorcé qui lui survit.

L'art. 913 du Code Civil est modifié de la manière suivante :

Les libéralités, soit par acte entre vifs, soit par testament, ne pourront excéder la moitié des biens du disposant, s'il ne laisse à son décès qu'un enfant légitime ; le tiers, s'il laisse deux enfants légitimes ; le quart, s'il en laisse trois ou un plus grand nombre.

La réserve appartenant aux enfants naturels légalement reconnus est fixée à la moitié de celle des enfants légitimes.

PROPOSITION DE LOI PRÉSENTÉE PAR LA COMMISSION DU SÉNAT

ARTICLE PREMIER

Il est créé au chapitre 3 du titre Ier du livre III du Code Civil une section VI avec le titre : « *Des successions déférées aux enfants naturels légalement reconnus et des droits de leurs père et mère dans leur succession.* » Cette section VI contiendra les articles suivants :

Art. 756. — La loi n'accorde de droits aux enfants naturels sur les biens de leurs père et mère décédés que lorsqu'ils ont été légalement reconnus. Les enfants naturels légalement reconnus sont appelés en qualité d'héritiers à la succession de leurs père ou mère décédés.

Art. 757. — La loi n'accorde aucun droit aux enfants naturels sur les biens des parents de leur père ou de leur mère.

Art. 758. — Le droit héréditaire de l'enfant naturel dans la succession de ses père et mère est fixé ainsi qu'il suit :

Si le père ou la mère a laissé des descendants légitimes,

ce droit est de la moitié de la portion héréditaire qu'il aurait eue s'il eût été légitime.

Art. 759. — Le droit est des trois quarts lorsque les père ou mère ne laissent pas de descendants, mais bien des ascendants ou des frères ou sœurs ou des descendants légitimes de frères ou sœurs.

Art. 760. — L'enfant naturel a droit à la totalité des biens lorsque ses père ou mère ne laissent ni descendants, ni ascendants, ni frères ou sœurs, ni descendants légitimes de frères ou sœurs.

Art. 761. — En cas de prédécès des enfants naturels, ses enfants et descendants peuvent réclamer les droits fixés par les articles précédents.

Art. 762. — Les dispositions des art. 756, 758, 759 et 760 ne sont pas applicables aux enfants adultérins ou incestueux. La loi ne leur accorde que des aliments.

Art. 763. — Ces éléments sont réglés eu égard aux facultés du père ou de la mère, au nombre et à la qualité des héritiers légitimes.

Art. 764. — Lorsque le père ou la mère de l'enfant adultérin ou incestueux lui auront fait apprendre un art mécanique, ou lorsque l'un d'eux lui aura assuré des aliments de son vivant, l'enfant ne pourra élever aucune réclamation contre leur succession.

Art. 765. — Les art. 756 à 765 du Code Civil sont abrogés.

ARTICLE DEUX

La section première du chapitre 4 du titre 1er du livre

III est intitulée. « *Des droits des frères et sœurs sur les biens des enfants naturels.* »

Elle contiendra uniquement l'art. 766 du Code Civil.

ARTICLE TROIS

L'art. 908 du Code Civil est modifié ainsi qu'il suit :

Les enfants naturels ne pourront rien recevoir par donation entre vifs au-delà de ce qui leur est accordé au titre des successions.

Le père ou la mère qui les ont reconnus pourront leur léguer tout ou partie de la quotité disponible, sans toutefois qu'en aucun cas, lorsqu'ils se trouvent en concours avec des descendants légitimes, un enfant naturel puisse recevoir plus qu'une part d'enfant légitime le moins prenant.

ARTICLE QUATRE

Il est ajouté à l'art. 913 du Code Civil un paragraphe second ainsi conçu :

Les enfants naturels reconnus ont droit à une réserve. Cette réserve est une quotité de celle qu'il aurait eue s'il eût été légitime, calculée en observant la même proportion qu'il y a, aux termes des art. 758, 759 et 760, entre la portion attribuée à l'enfant naturel au cas de succession *ab intestat* et celle qu'il aurait eue dans le même cas s'il eût été légitime.

Il est ajouté au même art. 913 un troisième paragraphe reproduisant l'art. 914 du Code Civil modifié ainsi qu'il suit :

Sont compris dans le présent article, sous le nom d'enfants, tous les descendants en quelque degré que ce soit. Néanmoins ils ne sont comptés que pour l'enfant qu'ils représentent dans la succession du disposant.

L'art. 915 du Code Civil prendra le numéro 914.

ARTICLE CINQ

L'art. 915 (nouveau) sera libellé ainsi qu'il suit :

Lorsqu'à défaut d'enfants légitimes, le défunt laisse à la fois un ou plusieurs enfants naturels et des ascendants dans les deux lignes ou dans une seule, les libéralités par actes entre vifs et par testament ne pourront excéder la moitié des biens du disposant s'il n'y a qu'un enfant naturel, le tiers s'il y en a deux, le quart s'il y en a trois ou un plus grand nombre. Les biens ainsi réservés seront recueillis par les ascendants jusqu'à concurrence d'un huitième de la succession et le surplus par les enfants naturels.

ARTICLE SIX

Il est ajouté à l'art. 921 du Code Civil le paragraphe suivant :

Le présent article s'applique aux dispositions faites par actes entre vifs ou testamentaires aux enfants naturels par leur père ou leur mère.

ARTICLE SEPT

Les art. 723 et 724 du Code Civil sont modifiés ainsi qu'il suit :

Art. 723. — La loi règle l'ordre de succéder entre les héritiers légitimes et les héritiers naturels. A leur défaut. . . . . Le reste comme au Code Civil.

Art. 724. — Les héritiers légitimes et les héritiers naturels sont saisis de plein droit des biens, droits et actions du défunt, sous l'obligation d'acquitter toutes les charges de la succession. L'époux survivant et l'État doivent se faire envoyer en possession.

ARTICLE HUIT

L'art. 773 du Code Civil est abrogé.

PROPOSITION DE LOI VOTÉE AU SÉNAT

ARTICLE PREMIER

Conforme au texte de la Commission.

ARTICLE DEUX

Conforme au texte de la Commission.

ARTICLE TROIS

L'art. 908 est modifié ainsi qu'il suit :

Les enfants naturels, légalement reconnus ne pourront rien recevoir par donations entre vifs au delà de ce qui leur est accordé au titre des successions. Cette incapacité ne pourra être invoquée que par les ascendants du donateur, ses descendants, ses frères et sœurs et les descendants légitimes de ses frères et sœurs.

Le père ou la mère qui les ont reconnus pourront leur léguer tout ou partie de la quotité disponible, sans toutefois qu'en aucun cas, lorsqu'ils se trouvent en concours avec des descendants légitimes, un enfant naturel puisse recevoir plus qu'une part d'enfant légitime, le moins prenant.

Les enfants adultérins ou incestueux ne pourront rien recevoir par donations entre vifs ou par testament au delà de ce qui leur est accordé par les art. 762, 763 et 764.

ARTICLE QUATRE

Conforme au texte de la Commission.

ARTICLE CINQ

Conforme au texte de la Commission.

ARTICLE SIX

Conforme au texte de l'art. 7 de la Commission.

ARTICLE SEPT

Conforme au texte de l'art. 8 de la Commission.

INDEX BIBLIOGRAPHIQUE

FRANCE

Paul Baret : Histoire et critique des règles sur la preuve de la filiation naturelle, 1872.

L. Amiable : De la preuve de la paternité hors mariage, 1885 (1).

H. Coulon : De la condition des enfants naturels reconnus dans la succession de leurs parents, 1887.

Augée Dorhlac : Preuve de la filiation naturelle, 1891.

De la Grasserie : Recherche et effets de la paternité naturelle, 1893.

Cadrès : Traité des enfants naturels.

G. Rivet : La recherche de la paternité, 1890.

ÉTRANGER

Gabba : La question féminine, Florence, 1865.

Ronga : De la condition des enfants nés hors mariage, Turin, 1875.

Bianchi : Le indigani dalla paternita naturale... dans *Archivio guiridico*, t. XXIV, p. 162 et suiv.

Cuturi : Studi sulla dechiarazione..., ibid., t. XXV, p. 385 et suiv.;

Todaro della Galia : Studio sui diritti dei figli naturali, 1889.

A. Seresiat : De l'acte de naissance de l'enfant naturel, Bruxelles, 1869.

F. Laurent : Avant-projet de revision du Code Civil belge (texte et commentaires), Bruxelles 1883.

(1) On trouvera à la page 58 et suiv. de l'ouvrage de M. Amiable une nomenclature très complète des ouvrages publiés en France sur la matière.

F. Laurent : Principes de Droit civil français, Bruxelles, 1874.

Tripels : Les Codes néerlandais (trad.), 1886.

E. Lehr : Code Civil de Zurich (trad.), 1890.

Mentha : La recherche de la paternité, Neufchâtel, 1885.

Ladame : Des enfants illégitimes en Suisse, Lyon, 1882.

E. Lehr : Droit civil germanique, 1890.

F. de Schulte : Histoire du Droit et des institutions de l'Allemagne (traduct. M. Fournier), 1882.

Projet de Code Civil allemand, traduit par M. de La Grasserie, 1892.

Bufnoir : Etude sur les droits de famille dans le Code Civil allemand; Bulletin de la Société de législat. comparée, juillet 1890.

Unberholzner dans Juridische abhandlungen, n° 1, p. 15.

E. Lehr : Droit civil espagnol, 1892.

Code Civil espagnol de 1889, traduit par A. Levé, 1890.

IVe Congrès de Démographie, Vienne, 1887. Rapport de M. J. Bertillon.

Documents parlementaires. — Proposition de loi Bérenger, Sénat, n° 71 *bis*, session 1878; 171, session ordin., 1879 et 32, session extraordin. 1883.

Proposition de loi Gustave Rivet, Chambre, n° 1935, session de 1883; n° 2574, session de 1884.

Proposition Jullien, Letellier et Rivet, Chambre, n° 1733, session extraordinaire de 1891. — Sénat, n° 8, session 1895, n° 20, session 1894. — *Journal officiel*, 19, 20, 22, 23, 26 mars 1895, 22 et 28 juin 1895.

TABLE DES MATIÈRES

FIN DE LA TABLE

PARIS. — IMPRIMERIE A. FONTEMOING, ÉDITEUR, 4, RUE LE GOFF

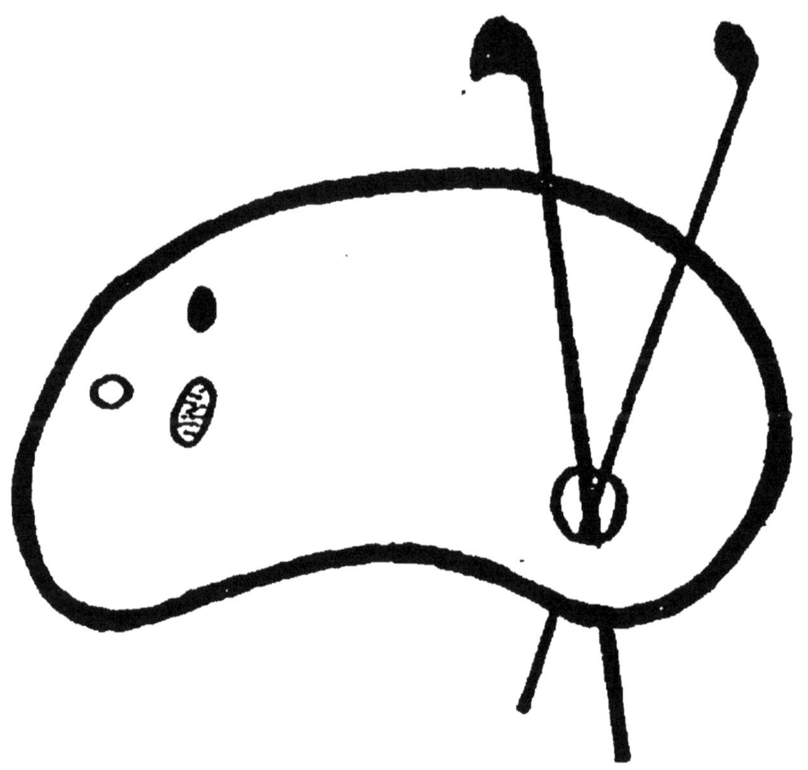

www.ingramcontent.com/pod-product-compliance
Ingram Content Group UK Ltd.
Pitfield, Milton Keynes, MK11 3LW, UK
UKHW020457200726
13857UKWH00002B/749

9 782011 948663